# FASHIONISTAS

Sarra Manning

# FASHIONISTAS

## *Hadley*

TRADUÇÃO
RITA SÜSSEKIND

PRUMO
jovem

Título original: *Fashionistas - Hadley*


**Gerente editorial**
Jiro Takahashi

**Editora**
Luciana Paixão

**Editor assistente**
Thiago Mlaker

**Assistente editorial**
Diego de Kerchove

**Preparação de texto**
Edgar Costa Silva

**Revisão**
Rosamaria G. Affonso
Maria Aiko Nishijima

**Criação, projeto e produção gráfica**
Thiago Sousa

**Assistentes de criação**
Marcos Gubiotti

**Ilustração e capa:** Alpio Stanchi

**CIP-Brasil. Catalogação-na-fonte**
**Sindicato Nacional dos Editores de Livros, RJ**

M246f Manning, Sarra
Fashionistas : Hadley / Sarra Manning ; tradução Rita Sussekind.
- São Paulo : Prumo, 2011.
288p. : 21 cm
(Fashionistas ; 2)

ISBN 978-85-7927-141-0

1. Literatura infantojuvenil inglesa. I. Sussekind, Rita. II. Título. III. Série.

11-4287. CDD: 028.5
CDU: 087.5

Direitos de edição para o Brasil: Editora Prumo Ltda.
Rua Júlio Diniz, 56 – 5º andar – São Paulo/SP – CEP: 04547-090
Tel.: (11) 3729-0244 – Fax: (11) 3045-4100
E-mail: contato@editoraprumo.com.br
Site: www.editoraprumo.com.br

# Livro dois:

# *Hadley*

"Your star is descending round here blindly..."
– Bailed Out, The Auteurs[1]

1 – Citação de música. "Sua estrela está descendo por aqui cegamente..." (N. da T.)

No último episódio de

# FASHIONISTAS

Laura, a vencedora de um concurso de modelos na TV; Irina, uma modelo russa recém-descoberta; Candy, uma estrela de reality show filha de ícones do punk; e Hadley, ex-estrela infantil, mudam-se para um apartamento de uma agência de modelos em Londres.

Após anos sendo considerada a menina mais bonita da cidade, Laura acorda abruptamente quando percebe que tem de perder a pose e o excesso de peso para vencer no mundo da moda. Entretanto, Laura nunca imaginou que pudesse perder Tom, seu dedicado namorado, ou que ele pudesse não ser tão dedicado quanto ela imaginava.

E agora, a intransigente Irina já decidiu que o flat só tem lugar para uma supermodelo em potencial...

Leia tudo em Fashionistas

*Laura*

# Prólogo

– Mark Harlow, você é considerado culpado de cinco roubos, duas fraudes e uso indevido de informações privilegiadas.

Hadley se empenhou em não mexer no colarinho do vestido preto de lã. Parecia reservado, e essa que era exatamente a imagem que queria projetar. Contudo, mesmo com o ar-condicionado no máximo, abril em Los Angeles não era exatamente a temperatura adequada para vestidos pretos de lã – mesmo que fossem Marc Jacobs e produzissem um contraste maravilhoso com os cabelos louros que tinham acabado de receber tratamento de luzes.

O pai de Hadley se recusou a demonstrar qualquer traço de emoção enquanto era condenado. O rosto dela própria estava igualmente sem expressão enquanto assistia ao desenhista do tribunal trabalhando furiosamente. Fez uma anotação mental de mandar a assessora se manifestar, porque a foto que havia aparecido no noticiário KTLA a fazia parecer ter trinta anos de idade.

Hadley ajustou os óculos Chanel e ouviu atentamente enquanto a juíza recitava a lista de crimes antes de sentenciá-lo.

Havia o novo cassino em Las Vegas, que nunca aconteceu. Os investimentos escusos. As contas na República Dominicana, que ele jurou de pés juntos que tinham sido esvaziadas pelos sócios, o que significava que...

– Você roubou 17 milhões de dólares da sua filha, que lhe confiou a guarda de todos os ganhos que acumulou desde os três anos de idade. É uma pena, sr. Harlow, que não possa puni-lo por trair seu próprio sangue, mas essa não é a função deste tribunal. É tarefa da sua consciência. Como não tem meios de pagar os valores apropriedados indevidamente de sua filha, não tenho escolha senão sentenciá-lo a três anos sob custódia do Estado.

O pai de Hadley estava suando agora. Pequenas gotas de suor se formavam em sua testa enquanto se balançava no banco dos réus. Hadley ouviu a mãe, Amber, soltar um ganido desvairado, mas ficou sentada com as mãos cruzadas no colo enquanto o pai era retirado algemado.

Do lado de fora do tribunal havia uma porção de repórteres e flashes piscando. Amber se apoiou pesadamente no braço do advogado enquanto ela e Hadley ficavam no topo da escadaria do tribunal.

– Pode nos dar uma declaração?

– Hadley, como se sente em relação à sentença?

– É verdade que está se mudando para Londres?

– A família Harlow fará uma declaração! – irritou-se o advogado. – Até lá, nenhum comentário.

Ele começou a abrir caminho pela multidão com a ajuda de dois policiais, mas Hadley parou.

– Quero apenas agradecer aos meus fãs pelo apoio em uma época tão difícil. – A voz dela estremeceu ligeiramente no fim da frase. Só uma fração, mas transmitia volumes de dignidade silenciosa, ao contrário de Amber, que chorava, histérica, com o rosto enfiado em um lenço. – Mas espero que entenda que a minha família precisa de tempo e espaço para aceitar essa tragédia.

– Mas, Hadley, não está com raiva? – Um repórter enfiou o microfone no rosto dela, quase deslocando os óculos escuros. Essas pessoas eram tão grossas!

– Sem mais perguntas – o advogado disse com firmeza e eles já estavam andando novamente, cabeça abaixada enquanto se apressavam para a segurança do carro.

Deus salve os vidros fumês. Hadley tirou os óculos enquanto a porta se fechava e balançou o cabelo. Ainda bem que tivera tempo de secá-lo pela manhã.

– Você é inacreditável! – sibilou Amber, parando o choro em um instante. Milagrosamente, a maquiagem permanecia intacta. – Como pôde processar seu pai? Depois de tudo o que fizemos por você!

Hadley pôs a mão no coração, que continuava batendo firme.

– Já disse que não foi minha culpa – engasgou-se. – Foi, tipo, uma coisa de advogado. Estou totalmente arrasada.

Arrasada era um eufemismo. Seu amado pai havia roubado 17 milhões de dólares dela e tudo o que recebeu foi a porcaria de três anos na cadeia. Como *assim*? Pelo menos estava sendo mandado para a penitênciária, e Hadley torcia com cada fibra do corpo para que ele tivesse de usar um macacão de poliéster em algum tom horroroso. Benfeito!

– Bem, que bom que está se mudando para Londres, mal consigo olhar para você – Amber catou na bolsa um pacote de chiclete.

– Tem que parar de se estressar – recomendou Hadley, tentando sufocar o toque de dor ativado pelas palavras de Amber. Só podiam ser os hormônios. – Não é bom para o bebê, mãe.

Amber afagou a barriga atlética e sorriu pela primeira vez.

– Bebês.

Tudo bem, no que se refere a querer chamar atenção, essa foi uma boa.

– Hã? Quer dizer que tem...?

– Mais de um. Acho que aquele tratamento de fertilidade compensou – Amber disse presunçosamente. – Encare os fatos, querida! Você já está gasta. E, dessa vez, vou dobrar minhas chances. Já tenho um agente avisado.

– Você vai ter *gêmeos*? – Era, tipo, obsceno à milionésima potência. Principalmente porque não havia sobrado dinheiro suficiente para uma babá. Agora é que Hadley mal podia esperar para chegar a Londres. – Bem, parabéns! Eu acho.

– Obrigada, querida – Amber se aproximou para que pudesse apertar firme a mão da filha. Hadley sabia exatamente o que viria em seguida. – Sabe, as contas dos médicos estão aumentando, e aquele condomínio apertado não tem nem piscina.

Por apenas um segundo a falta de piscina tocou o coração de Hadley, mas depois se lembrou da piscina em forma de coração e da mansão de dez quartos que vinha junto, que tinha sido devolvida.

– Sinto muito, mãe. Estou dura. Por isso estou indo para Londres. Aqui não arrumo nem teste.

– Ora, vamos, Hadley! Sei que tem alguma coisa guardada para imprevistos. Se não quiser fazer isso por mim, então pode fazer por suas irmãs ou seus irmãos. Apesar de eu estar torcendo para vir um de cada, para não ter erro.

– A limusine custou meus últimos tostões – confessou Hadley. – Vou ter de viajar de classe econômica. Se arrumar trabalho em Londres, vejo se posso ajudar.

Amber contraiu os lábios. Provavelmente por irritação, mas, com o botox, era difícil saber.

– Você é muito ingrata – disse através de dentes cerrados. – Quando penso nos sacrifícios que fiz por você. Passei uma semana sem comer para você poder ter...

– ...um vestido novo para o teste da família Starr – Hadley concluiu para ela. – Eu sei, e sinto muito, mas nós duas teremos de nos ajustar à pobreza agora.

A palavra com P finalmente calou Amber. Geralmente precisava tomar uns dois calmantes. Talvez estivesse ocupada pensando na vida como uma necessitada, ou pensando em outro jeito de negociar um adiantamento com Hadley, a ser sanado com os ganhos dos gêmeos.

Só quando o carro parou perto do balcão de check-in da Virgin no aeroporto de Los Angeles foi que Amber falou novamente.

– Você não vai conseguir muito trabalho de modelo, querida – avisou. – Seu lábio inferior é fino, e seus braços não são definidos. Eu tentaria TV, se fosse você.

– Obrigada, mãe – Hadley saltou do carro, de óculos escuros em preparação para os *paparazzi*, mas eles pareciam ter se perdido no caminho do tribunal. – Sei que vai dar certo. É preciso ter um sonho para que ele se realize, não?

– Isso, esse é o espírito – disse Amber sem entusiasmo. – Feche a porta, está deixando o calor entrar.

A porta bateu na cara de Hadley, que ficou olhando para as duas malas que o motorista tinha acabado de tirar do carro para ela. O que deveria fazer com aquilo? Onde estava o lacaio do estúdio para carregá-las para ela?

Novidade. Não tinha. Teria de levar por conta própria. Teria de fazer por conta própria muitas coisas que nunca tinha feito antes, como despachar a bagagem e não perder o passaporte.

Mas que dificuldade poderia haver nisso? Pessoas normais faziam o tempo todo.

Hadley agarrou as alças das malas e começou a arrastá-las na direção da entrada. Ainda bem que malhava.

– Senhorita? Com licença, senhorita?

Virou e viu duas mulheres rechonchudas com camisetas "California Dreamin'" combinando, encarando-a. Ao menos ainda conseguia atrair algumas fãs, ainda que fossem de meia-idade e tivessem cabelos mal pintados.

– Oi – disse alegremente, ativando o sorriso Hadley. – Como vão vocês?

– Senhorita, talvez você ache mais fácil se rolar as malas pelas rodinhas.

Malas tinham rodinhas? Desde quando? Hadley levantou um pouco os óculos e sorriu para ela.

– Ah, eu sei, mas prefiro arrastá-las para exercitar os braços – mentiu. – Preciso mantê-los torneados.

Agora as duas a encaravam com aqueles olhares acetinados que nunca resultavam em coisa boa. Podia prever as próximas palavras que sairiam daquelas bocas. Coisas do tipo "você era tão bonitinha; pena que teve de crescer; quando vai fazer outro filme?".

– Oh! Meu Deus! – uma delas exclamou, e Hadley se preparou para o inevitável.

– É Hadley Harlow! Achávamos que estivesse morta!

# Capítulo um

Londres era muito deprimente. Tipo, totalmente cinza e úmida – e isso antes mesmo de Hadley sair do aeroporto. Entretanto, pelo lado bom, porque sua terapeuta sempre disse que ela deveria maximizar o positivo, ela conseguira um upgrade. Tinha de amar a fiel base de fãs gays e o fato de que todos eles pareciam trabalhar no balcão de check-in.

E, quando Hadley pegou as malas da esteira, lembrou-se de utilizar as rodinhas. Agora só o que atrapalhava era a falta de um motorista segurando uma placa com seu nome.

Hadley examinou a multidão com um pânico crescente. Todo mundo parecia saber para onde ir, ou ter pessoas para encontrá-los. Todos se abraçando e derramando lágrimas de felicidade, como naquela cena de *Simplesmente amor*. Ela não tinha ninguém. Apenas duas malas que pesavam, tipo, uma tonelada.

Em seguida, com o canto do olho, viu uma placa que dizia "táxis" com uma seta e tudo mais. Muita gentileza das pessoas do Heathrow.

Uma vez acomodada no banco de trás de um táxi preto, Hadley decidiu curtir alguns instantes de reflexão silenciosa. Comparada ao sol sem fim de Los Angeles, onde as ruas largas eram alinhadas com palmeiras e prédios brancos, Londres era muito diferente. Havia trechos verdes por todos os lados, casinhas minúsculas e pessoas. Tantas pessoas andando. Ninguém andava em Los Angeles, a não ser do carro para a entrada do Coffee Bean e do Tea Leaf.

Não que fosse uma virgem em relação a Londres ou coisa do tipo. *Garotinha Perdida II* se passava em Londres. Tudo bem, na realidade a filmagem foi em Toronto, mas tinha vindo para Londres para a estreia, apesar de ter passado quase o tempo todo em uma suíte júnior no Dorchester, concedendo entrevistas. Entretanto, tinha sido filmada para um programa infantil em um daqueles ônibus vermelhos bonitinhos abertos em cima. Passaram pelo Palácio de Buckingham e por muitas construções antigas e tudo mais.

Hadley espiou pela janela. Ficou imaginando como seria o apartamento da *Fierce Talent Management* e qual seria o tamanho da piscina, apesar de que provavelmente seria piscina coberta, porque aqui chovia o tempo todo.

Ainda não tinha certeza quanto a como se sentia em relação a dividir um apartamento com outras três garotas – ou seria incrível ou seria péssimo. Outras garotas eram território completamente novo. Contudo, tinha assistido a *Friends* como parte da pesquisa, e talvez fosse divertido. Mas não poderia viver em um lugar pintado de roxo – era ruim para seu *chi.*

O motorista perguntou o endereço e Hadley apertou alguns botões no Sidekick.

– Apartamento três, Bayham Street, número 47, Camden. Ei, isso é perto do Palácio de Buckingham?

O motorista do táxi deu uma risada parecida com um latido, como se estivesse tossindo um pulmão para fora.

– Você é nova por aqui, querida?

– É tão óbvio assim?

O que era óbvio era o fato de que os 67 mil dólares que tinha conseguido recuperar de uma das contas do pai no exterior não iriam durar muito. A conta do táxi deu oitenta libras mais gorjeta, e mesmo que Hadley não estivesse familiarizada com a taxa de câmbio, sabia que era muito mais do que o que gastava com manicure e pedicure naquele salão na Sunset.

Hadley estava na entrada do número 37 da Bayham Street, tentando sentir o local. Parecia um gueto. Havia algumas árvores estranhas e um homem passeando com um enorme pit bull, com uma focinheira retendo as mandíbulas da morte, mas fora isso não havia sinais de natureza; apenas um ponto de táxi do outro lado da estrada, que estava todo pichado, e uma lojinha com grelhas metálicas sobre as janelas. Bem-vinda à zona de guerra, Hadley.

E o motorista do táxi não tinha planejado ajudá-la com a bagagem, apesar de ela lhe ter dado uma gorjeta maior do que merecia. Mas, a contra gosto, o motorista ajudou-a. Hadley continuava soltando fogo pelas ventas enquanto o seguia pelas escadas desse minúsculo prédio de apartamentos. E tinha um cheiro bem estranho, também. De tinta, ou alguma outra coisa que a deixava sem fôlego.

Chegaram a uma porta no topo da escadaria e o motorista largou as malas sem qualquer respeito pelo aspecto Louis Vuitton delas.

– Pronto. A não ser que você também queira que eu toque a campainha para você.

Hadley repousou a maleta de maquiagem.

– Acho que consigo.

Ele foi praguejando até chegar lá embaixo. Obviamente ele não era o tipo adequado para trabalhar em uma indústria preocupada em satisfazer clientes, pensou Hadley enquanto tocava a campainha. Definitivamente precisava fazer as unhas.

A porta se abriu e havia uma pessoa minúscula do outro lado, com uma camiseta que parecia ter sido passada por um triturador. Ah, mas...

– Candy!

Não conhecia Candy tão bem assim, apesar de terem socializado um pouco na Semana da Moda de Los Angeles, mas, mesmo assim, pelo menos Candy falava "americano".

– Hadley? – Candy pegou uma das malas e tentou passá-la pela porta. – Que diabos tem aqui dentro?

– Ai, meu Deus! Estou tão animada em estar aqui! – Animada não era a palavra. O lobby, ou o que quer que fosse aquilo, era tão pequeno que Hadley estava claustrofóbica. Voltou-se para Candy e se forçou a abraçá-la. Em *Friends* se abraçavam o tempo todo. – Quem diria?

Candy retribuiu o abraço.

– Had... Muito bom te ver também... Me solta, por favor!

Sim, os braços realmente eram exagerados, mas se estivesse interagindo com Candy não precisaria lidar com a menina alta e bonita com um rosto invocado que havia emergido de outro cômodo.

– Oi! – Hadley tentou soar alegre e falante.

Nossa, todo mundo é tão reservado nesse país. A menina simplesmente a encarou por mais um tempo.

– Sou a Laura. – Era britânica; isso explicava tudo. Hadley abortou os planos de abraçar quando Laura esticou a mão para apertar, como se fosse a Rainha ou coisa parecida. – Então... hum, você também é uma nova modelo?

Por acaso se parecia com alguma coisa nova? *Hello*! Era uma pessoa pública desde os três anos de idade.

– Não sou apenas modelo – Hadley informou, porque isso precisava ficar claro de cara. – Sou, tipo, atriz e cantora e faço muitos trabalhos de caridade também. Sou um artista versátil. – Pesquise na porcaria do IMDB!, queria gritar.

– Hadley, querida, ninguém se lembra de você aqui na Grã-Bretanha – disse Candy. O que não era verdade. Ela era gigante na Grã-Bretanha. E também em toda a Europa, e em partes do sudeste da Ásia. – Pensei que realçar sua carreira fosse o objetivo de vir para Londres.

– Ei, minha carreira *super não* precisa de relançamento. – Hadley virou para que ela mesma pudesse explicar a situação, antes que saísse do controle. Não estava esgotada; estava revendo as opções. Por que era tão difícil de entender? – Só precisava me afastar de Los Angeles por causa, tipo, do excesso de atenção da imprensa. Tive o programa mais assistido do país durante três anos seguidos e fiquei em quinto lugar de bilheteria em 1997...

– Vou ligar a chaleira. – Essa tal de Lauren era tão britânica que deveria ter seu próprio programa na BBC America. Ah, mas agora estava ficando com Aquele Olhar também. – Ei, você fazia *A casa de Hadley*? Meu Deus, eu adorava aquele programa quando era criança.

Era melhor liquidar o assunto da forma mais rápida e indolor possível. Como fazer uma reposição de colágeno sem anestesia local.

– Fazia. Sou a Hadley! – Levantou-se para abraçar Lauren também. – Que bonitinho que você era fã.

Sua bolha espacial já estava invadida, e Lauren também não parecia muito entusiasmada em abraçar. Hadley apoiou os braços nos ombros das outras meninas para que pudessem ter mais intimidade assim mesmo.

– Mas sabe, Lauren...

– É Laura – disse secamente.

Laura. Lauren. Tanto faz.

– Sou uma menina normal – Hadley tentou explicar. – Exatamente como você. Bem, quase como você. É muito importante que o lugar onde eu more seja, tipo, uma zona de conforto. Não posso estar em um espaço negativo agora.

– Bem, vou tentar – Laura disse confusa. – Não deixar o espaço negativo, quero dizer.

Os óculos de Hadley estavam coçando no nariz. Provavelmente deveria tê-los tirado após um voo de onze horas de duração.

– Devo ficar incógnita. Então, por favor, não conte a ninguém que estou aqui. Os *paparazzi*... – interrompeu-se calculadamente.

– Mas para quem contaria?

Candy afagou Laura no ombro; ela realmente era uma pessoa normal.

– Ela não vai contar para ninguém, Had. Agora, por que não te acomodamos? – disse Candy, saindo do quarto e abrindo uma porta. – Este é o nosso banheiro.

Problemas. *Nosso* banheiro?

– Quer dizer, a gente *divide* um banheiro? Candy, o apartamento é esse mesmo? Eu estava esperando um condomínio com academia, piscina, porteiro vinte e quatro horas, e achei aquela sala um lobby muito apertado. Não percebi que era uma sala de fato e que isso era, tipo, um apartamento de fato...

– Respire – aconselhou Candy. – É, é pequeno, mas estou acostumada a cinco andares de escada, então não é muito diferente. Você deve ter visitado apartamentos quando ficou em Nova York.

– Sempre ficávamos no Plaza. – Hadley inclinou-se contra a parede. – Meu quarto é habitável?

Candy definitivamente hesitou.

– Bem, acho que pode chamá-lo de *bijou*. Francês para "é um verdadeiro ovo". – Apontou para uma porta do outro lado do corredor, praticamente em cima da cozinha, não que Hadley tivesse planos de entrar *lá*. – Melhor encarar logo.

Hadley espiou pela porta e quase bateu com o nariz na parede oposta. Nunca tinha visto um armário de vassouras, mas imaginou que fosse mais ou menos cinco vezes maior do que isso. Havia uma cama de solteiro, um armário apertado e só.

– Não sabia que existiam quartos tão pequenos – disse fracamente.

– Desculpe – Candy deu de ombros. – É por ordem de chegada. – Diminuiu o tom de voz. – A russa roubou o quarto que eu tinha escolhido. É bem uma atitude eslava...

*Quatro* pessoas deveriam dormir nesse galinheiro?

– Talvez eu pudesse ir para um hotel – sugeriu Hadley. – Porque eu fiz algumas exigências sobre morar aqui, e essas pessoas da Fierce simplesmente ignoraram tudo. Minha antiga agente jamais teria feito uma dessas.

– Não é tão ruim assim – disse Candy, espiando sobre o ombro de Hadley. – Nenhuma de nós duas vai passar muito tempo aqui mesmo. Vamos sair o tempo todo. Londres é uma cidade de muito agito. Vamos, vai ser ótimo!

– Pode ser – suspirou Hadley. Pelo menos estaria lidando com pessoas normais, o que seria uma lição de vida importante. – Se é assim que as pessoas de Londres moram, então também posso morar.

– Isso aí, esse é o espírito! – Candy deu um soco no ar. – Bem, é melhor desfazer as malas. Talvez possamos sair e comprar comida mais tarde. Os supermercados britânicos são muito legais.

Supermercados eram outro território desconhecido. Hadley desconfiava que já havia estado em um quando filmava um episódio de *A família Starr*.

– Vendem sushi?

– Bem, não sei, mas talvez possamos comprar comida inglesa, tipo manjar e pudim Yorkshire. – Candy não parecia mais completamente encantada com a expedição ao supermercado. – Então, vamos desfazer as malas.

Hadley concordou. Desfazer as malas a manteria ocupada; não que ela tivesse onde guardar o que estava na bagagem. Mas Candy já se dirigia ao próprio quarto.

– Ei, sinto muito pela história com o seu pai – disse por sobre o ombro. – Finalmente, Candy e ela concordavam em alguma coisa.

# Capítulo dois

Ontem tinha sido estranho. Um dia esquisito na rotina de Hadley.

Após uma ida ao Sainsbury (e, sim, *vendiam* sushi, ainda que fosse um sushi bem nojento) voltaram ao apartamento – ou *apê*, como a tal Lauren/Laura/Lara, ou qualquer que fosse o nome, o chamava.

Haviam encontrado Irina, que tinha uma aparência engraçada; magra demais com aquelas sardas que deveria ter removido com laser há anos. Além disso, sequer falava "americano" ou "britânico", mas uma coisa meio híbrida, rap gueto/russo. E olhava para Hadley como se fosse um bicho de zoológico.

Hadley foi forçada a se recolher no quarto e praticar exercícios de respiração para diminuir a histeria. Não adiantou muito, porque Laura passou horas no telefone com seu sotaque monótono, e Hadley agora sabia muito mais do que gostaria a respeito de um cara chamado Tom, e exatamente o que ele e Laura tinham feito atrás de alguma coisa chamada campo de críquete.

As paredes pareciam se fechar em torno dela, e Hadley deveria estar exausta, mas, mesmo com a máscara e os tapa-ouvidos, ela não conseguiu dormir. Sempre que tentava afofar o travesseiro ou se certificar de que a colcha áspera a estava cobrindo direito, alguma nova irritação aparecia. Estava com o cérebro zumbindo como uma abelha furiosa, tentando fazer com que pensasse em coisas com as quais não podia lidar agora.

Cochilou por algumas horas, mas às sete da manhã Hadley admitiu a derrota e foi para o banheiro. Apesar de a Inglaterra parecer bastante com o Terceiro-Mundo, havia água quente o suficiente, e um regime de beleza e manutenção de cabelo era o que precisava para melhorar o humor, afastar os demônios e se preparar para encarar o mundo.

Mesmo o fato de Laura bater na porta quando Hadley estava no meio de uma operação extremamente delicada com um par de pinças não podia atrapalhar.

Graças ao colírio e algumas latas de Diet Coke, estava com os olhos restaurados e novamente azuis e brilhantes enquanto vestia o tailleur branco Armani que dizia "sou sexy e bonita, mas também sou senhora do meu destino". Os coitados da Fierce não iam saber o que os atingiu.

Sua pequena equipe para a Operação Estrela, como Hadley chamava, estava esperando por ela quando foi levada a uma sala de conferências nos escritórios Fierce.

– Olá, pessoal – disse cantando ao entrar na sala com o modo chocar ligado. – Estou muito feliz em conhecê-los.

Percorreu a mesa, distribuindo apertos de mão e sorrisos que mostravam os tratamentos dentários caros que fazia.

Lá estava Derek, o diretor da divisão de talentos da Fierce, com quem havia conversado pelo telefone. Ele tinha um metro e noventa e três, pele negra, e era bonito. Uma menininha desajeitada que era alguma coisa júnior – Hadley revirou o cérebro tentando lembrar o nome. Tegan – isso, Tegan. E finalmente um sujeito mal arranjado com um terno amassado que deveria ser Mervyn, o assessor independente que contratara. Hadley torceu para que ele soubesse lidar com a imprensa melhor do que sabia lidar com roupas. Caso contrário, estavam em maus lençóis.

Hadley tinha feito o dever de casa. Sabia o nome de todos, tinha alguns comentários sobre o quanto havia gostado das roupas e dos cabelos da última campanha da agência, e quando ela se sentou, estavam todos se inclinando ansiosos para a frente.

Ser educada e charmosa trazia muito mais resultados do que negociações com faniquitos.

– Tegan, você teve tempo de preparar a biografia? – perguntou, forçando um gole da água que Derek havia servido. Tomara que fosse filtrada, ou ficaria toda empelotada antes do almoço.

As biografias foram devidamente distribuídas, mas, antes que qualquer um pudesse ler, Hadley bateu palmas.

– Acho que seria mais fácil se eu mesma contasse os pontos altos. Pode ser, pessoal?

Antes que alguém pudesse discordar, e discordar não fazia parte do acordo, Hadley começou.

– Estou na vida pública desde os dezoito meses de idade, quando apareci no meu primeiro comercial de Tater Tots. Aos três anos ganhei meu primeiro papel como Judy, a filha caçula de *A família Starr*, que foi a comédia de maior audiência nos Estados Unidos durante cinco anos. Quando a comédia foi cancelada, protagonizei meu próprio programa, *A casa de Hadley*, por quatro anos. Fui a mais nova ganhadora de um Emmy; o programa foi transmitido em quarenta e cinco países diferentes; e a boneca Hadley foi o brinquedo mais vendido no Natal de 1998. Mas também fui protagonista da franquia *Garotinha perdida*. O *Garotinha perdida II*, que se passava em Londres, por sinal foi o filme de maior bilheteria em 1997. Depois sabe o que aconteceu?

Derek tossiu.

– Bem, *A casa de Hadley* foi cancelado...

Hadley cruzou os braços e sorriu ligeiramente.

– *Eu* cresci – disse. – A puberdade chegou e não foi gentil comigo. Quando superei, só se pensava em *The OC* e nas gêmeas Olsen. Depois teve, hum, aquele assunto desagradável com a minha família, e hoje em dia não consigo nem uma mesa boa no *The Ivy*. Então, Londres, cá estou! Faça bom uso de mim!

Derek sorriu para encorajá-la. Ele tinha dentes lindos, considerando que era britânico.

– É sempre melhor ouvir essas coisas pessoalmente, em vez de ler em uma simples lista de fatos – disse. – Então por que não nos diz o que nós da Fierce podemos fazer por você?

– Dois objetivos, pessoal. – Hadley olhou fixamente para cada uma das pessoas. – Temos de me tornar famosa novamente, e temos de me fazer ganhar muito, muito dinheiro. E rápido! Aliás, isso seriam três objetivos?

– Bem, já discutimos um ataque em três vias para reapresentá-la ao público como um talento adulto novo e empolgante – disse Derek suavemente. – Como atriz, modelo e algumas participações como apresentadora de TV convidada na...

– Não quero correr atrás de migalhas. Sou uma *marca.* Sou uma artista criativa. Isso não significa que vou aparecer em algum programa noturno de um canal a cabo apresentando clipes de alguma banda que ninguém conhece – resmungou Hadley, sorrindo simultaneamente, um truque que aprendeu com Amber, que por sua vez o utilizava quando tinha de lidar com executivos atrevidos. – Sei cantar, então me coloquem em um estúdio com alguns caras bons do hip-hop. Funcionou para a Paris. Tegan, querida, talvez devesse anotar?

Tegan começou a escrever em um bloco, enquanto Derek encarava Hadley pensativo.

– Estamos examinando a possibilidade de parcerias com famosos – ele disse.

– Examinar não é o suficiente, precisamos fazer *acontecer* – Hadley disse com firmeza. Meu Deus, essas pessoas esperavam ser pagas pelo quê? – Quero comerciais publicitários milionários em TVs japonesas. Gwyneth Paltrow e Nicole Kidman fizeram, Tegan. Consegue descobrir isso para nós?

Derek abriu a boca, mas Hadley levantou a mão, porque não estava nem perto de acabar.

– Lembrem-se, já estou cansada da coisa toda de ex-estrela mirim. Então, nada de especiais do tipo "*Por onde andam?*" da VH1.

Hadley decidiu que era hora de deixar Derek falar.

– Muito bem, queremos tirar novas fotos para enviarmos a diretores de elenco e imprensa. Então talvez possamos coordenar agendas?

Assim era melhor. Hadley abriu o Sidekick e passou por diversas datas em branco.

– Tenho certeza de que podemos encontrar uma janela na semana que vem. Precisarei aprovar o fotógrafo, então peça que mandem os portfólios. Tegan, envio minhas medidas por e-mail. Tenho usado muito Marc Jacobs e Marni ultimamente. – Lançou um sorriso em tom de dispensa a Tegan e Derek.

Nenhum dos dois sequer piscou. Hadley tentou novamente.

– Preciso de um tempinho a sós com Mervyn, então, podem ir.

Hadley sorriu de forma amável para aliviar o golpe. Não queria soar tão dura, mas finalmente estavam se levantando lentamente. Os britânicos não eram tão impulsivos e dinâmicos quanto os primos americanos, o que significava que constantemente teria de dar uma cutucada. Como se já não tivesse coisas demais com que se preocupar.

A porta se fechou atrás de Derek e Tegan, e Hadley virou ansiosa para Mervyn.

– Então, o que você tem para mim?

Ele puxou um envelope A4 amassado da maleta de couro e o empurrou sobre a mesa.

– Ouvi dizer que Orlando Bloom talvez estivesse livre, mas a notícia não se confirmou, então bolei um plano B.

Hadley suspirou. Orlando era uma gracinha e *high profile* o suficiente para dar um pontapé inicial na carreira dela outra vez, com apenas alguns telefonemas para os colunistas de fofoca certos. Mesmo assim, o plano B provavelmente era tão engenhoso quanto.

Ela tirou a foto do envelope e virou para si antes de afastar a fotografia com um grito angustiado.

– Eeeeeeeca! De jeito nenhum! Prefiro, tipo, fazer filme pornô a ser vista por aí com *ele*!

Mervyn se mexeu animado.

– Tenho um amigo que faz umas coisas glamorosas. De bom gosto, só com seios.

Hadley sentiu a palpitação de uma dor de cabeça tensional.

– Só estava sendo irônica ou coisa do tipo. – Ela apontou para a fotografia. – De qualquer forma, ele é peixe pequeno.

– O programa dele está indo muito bem aqui, e corre o boato de que estará no próximo filme do Harry Potter.

Por um segundo o interesse de Hadley aumentou. Só por um segundo.

– Sério? Quanto... Não! O que estou dizendo? Seria como vender minha alma ao diabo. Fim de papo. Agora vamos falar sobre a minha estratégia de publicidade.

# Capítulo três

Mervyn teve boas ideias. Hadley estava em todas as listas vips e tinha convites para todas as inaugurações de boates, estreias de filmes e lançamentos de produtos.

Hoje ia a uma festa de um novo celular. Exceto que aqui chamavam de telefones móveis. Teria de se lembrar dessas coisas.

– Trate como uma prova de vestidos – aconselhou Mervyn. – Observe, aprenda, ouça. E não vista nada muito luminoso, hoje você tem de agir discretamente.

Infelizmente, Hadley passou a mão sobre uma peça rosa Betsey Johnson que realçava suas luzes e retirou um vestidinho preto com brilhos sutis na borda. Agir discretamente não era seu forte.

– Elegante – disse Merv quando ela finalmente conseguiu encontrá-lo em uma varanda superior de algum *buraco* em Mayfair, que deveria ser a Beverly Hills de Londres. Tipo, *au contraire*. Tinha papel de parede estampado, cadeiras douradas e lustres ornamentados, mas Hadley ficou com o braço sujo de graxa quando encostou na parede, e podia senti-la penetrando cinco camadas de bronzeamento artificial. – Está demonstrando muita classe.

Hadley sorriu discretamente. Mervyn era bom. Parecia ter boas intenções. E seria bonito, para um velho, se tivesse alguém para passar suas roupas, cortar-lhe o cabelo e repensar a loção pós-barba.

– Obrigada – murmurou, examinando as pessoas na pista de dança. – Então, me oferece uma visita guiada à cena de Londres?

Mervyn se inclinou sobre a varanda.

– Está vendo aquele cara de terno branco? Ele tem uma produtora; deveria conhecê-lo. Aquela do vestido de borracha? Faz parte de uma banda de meninas, e bem promíscua, por sinal. Jogadores de futebol, futebol europeu, não como o que vocês ianques conhecem, devem ser evitados a todo custo, a não ser que sejam da seleção da Inglaterra.

Os olhos de Hadley brilharam. Ainda estava no fuso americano e Mervyn não falava coisa com coisa.

– Meninos famosos bonitos – lembrou a ele. – Meninos muito bonitos, muito famosos. Ou, tipo, diretores de cinema.

– Camisa vermelha, às três horas. É um comediante que está se saindo muito bem, vai fazer o novo filme do Johnny Depp. – Hadley seguiu a mão esticada de Mervyn e olhou para o jovem desajeitado com braços compridos e cabelos ruivos.

– Não combina com meu bronzeado – recuou. – Não ficaríamos bem nas fotos. Tem certeza de que o Orlando não está solteiro?

Mervyn suspirou, mas era preciso haver critério.

– Bem, ainda está no começo. Vamos nos socializar. – Pegou duas taças de um garçom que estava passando. – Beba isso.

Hadley ficou olhando para a taça de champanhe.

– Não bebo – disse secamente. – Não tenho idade o suficiente.

– Aqui a idade é dezoito anos – Mervyn cerrou os olhos e se inclinou para frente. – Então aqueles boatos sobre você na reabilitação eram...

– Não! – Hadley estava espantada. Se não estivesse morta, então era viciada em drogas. Por que as pessoas inventavam essas coisas? – Onde você ouviu isso? Nunca nem provei licor de chocolate. Álcool faz mal para a pele. – E já havia visto atores demais, doidos sabe-se lá com o quê. Ninguém acreditava nas histórias que os assessores publicavam sobre "exaustão nervosa". Era apenas código hollywoodiano para viciado. Ela não iria se tornar *esse* tipo de clichê.

– É uma pena. Talvez arrumássemos um artigo na *OK*, revelando exclusivamente sua árdua batalha de volta à recuperação. O triunfo sobre a adversidade. Lágrimas e traumas. Adoram essas coisas.

Hadley tomou a taça de champanhe, curvando os dedos sobre o caule fino. Era uma atriz, era um papel. Simples assim.

– As pessoas já me acham maluca sem pensarem que sou uma biruta viciada.

Ela se afastou, com Mervyn logo atrás.

– Podemos sempre usar o trunfo papai – sugeriu, ao descerem pelas escadas, lutando contra uma multidão que se dirigia à varanda. – Uma história aguardando ser contada.

– Não! – disse de forma aguda ao chegar ao degrau mais baixo, puxando Mervyn pela camisa para um canto. – Vamos deixar uma coisa bem clara. Minha família fica fora disso. Seu trabalho é encontrar algum menino bonitinho e com boa imagem nos tabloides com quem eu possa aparecer regularmente em algumas fotos. Isso vai ser algum problema? Porque posso arrumar outro assessor... – Hadley deixou a ameaça no ar.

– Não precisa se estressar – tranquilizou Mervyn. O sorriso era tão gasto quanto as roupas. – Estou apenas lançando algumas ideias.

Hadley se forçou a relaxar. Ou relaxar *levemente*.

– Tudo bem, vamos ver se conseguimos encontrar algum candidato provável – disse, sorrindo para Mervyn, que a olhava cansado. – É importante estabelecer algumas regras.

Segurando a taça de champanhe à sua frente como um talismã protetor, Hadley seguiu Mervyn até o bar, sorriu profissionalmente e conversou com uma série de idiotas. A atmosfera na boate estava úmida e espessa o suficiente para enrolar seus cabelos e deixar sua pele brilhando de uma maneira nada atraente.

Hadley tomou um pequeno gole da bebida para se livrar da sensação de boca seca. Todas essas pessoas novas conversando sobre coisas que ela não sabia (O que era um "bucha"? E por que todo mundo dizia "estou incomodado?" E tremia de tanto rir?) cansavam demais. Não que fosse tímida, mas tinha problemas de intimidade em situações sociais.

– Deixe-me arrumar outro drinque – alguém falou em seu ouvido e Hadley percebeu que estava segurando uma taça vazia enquanto Mervyn sorria para ela.

– Então, o que está achando de Londres? – perguntou o carinha eriçado que fazia alguma coisa na TV.

– Estou adorando! – anunciou decididamente, pois falar mal da cidade não seria legal. – Os ônibus são umas graças, e todos os lugares são, tipo, bem antigos. Mas o que é TopShop?

O champanhe realmente facilitava as coisas. Hadley se esqueceu de que seus pés pareciam estar pegando fogo naqueles sapatos Christian Loboutin. Esqueceu do dever de ser discreta e sorriu alegremente para o fotógrafo que pediu para tirar sua foto com o *nerd* ruivo indicado por Mervyn. E se esqueceu completamente de que não bebia.

– Tive uma noite tão boa! – anunciou horas depois quando Irina abriu a porta do apartamento. – Estou tão relaxada.

Irina não parecia nem um pouco impressionada.

– Chaves – entoou sombriamente. – Use-as.

Hadley fez uma careta nas costas de Irina. Tinha uma energia muito negativa.

– Chaves não têm a menor tecnologia – resmungou. – Não acredito que a porta não tenha um sistema eletrônico de toque. Segurança é muito importante.

Foi na ponta dos pés até a sala, onde Candy estava curvada no sofá com um homem grande, moreno e de aparência perigosa. Os dois a encararam enquanto ela se jogava sobre a poltrona vazia e exibia boa parte da coxa.

– Quantas calorias existem em uma taça de champanhe? – Hadley puxou a bainha do vestido, porque o amigo de Candy estava olhando fixamente para suas pernas. Não que não fossem belas pernas, porque eram *super*, mas ele era grosseiro.

Candy revirou os olhos.

– Não destrua toda a minha crença no sistema e diga que está irritada – falou pausadamente, antes de voltar-se para o companheiro sorridente, que continuava olhando para as pernas de Hadley. – Hadders é totalmente controlada. Pesa tudo o que come e não fala palavrão.

Hadley tentou esconder as pernas embaixo do corpo e quase caiu da cadeira.

– Falar palavrão não é legal.

– Reed, esta é Hadley – Candy informou a ele. – Hadders, este é Reed, meu irmão. – Bem, isso explicava os olhos que divagavam, o mesmo azul-claro dos olhos de Candy. Apesar de Hadley ter a sensação de que os cabelos espessos e negros dele não deviam nada a um tubo de tinta, ao contrário do da irmã.

Hadley balançou os dedos e tentou lembrar o que sabia sobre ele. Tinha certeza de que sabia algo. As lembranças estavam voltando embaçada e lentamente. Reed, na realidade meio-irmão de

Candy, fez apenas algumas participações no *reality show* da família, *Em casa com os Careless*. A versão oficial dizia que ele estava ocupado demais trabalhando como diretor de clipes. No entanto, a versão não oficial era de que ele não queria ter nada a ver com "esse programa desastroso" e havia cinco anos não falava com a mãe.

Dizia-se também que adorava modelos. Corria o boato de que ele tinha passado por um apartamento de modelos em Nova York e deixado as seis meninas que moravam lá com o coração partido. Mas o diretor de clipes não era nada mal.

– Gostei daquele vídeo que você fez para The Hormones com as garrafas de água...

– Caixas de leite – Candy e Reed responderam simultaneamente.

– Que seja! E você fez os comerciais de TV para a Outfitters americana... – De repente, Hadley se sentiu surpreendentemente sóbria. Sentou-se reta e inclinou-se para a frente, ansiosa. Jamais considerara Reed como um namorado faz de conta. Não era *high profile* o suficiente, mas estava trilhando um bom caminho.

No momento dava de ombros modestamente.

– Deram-me carta branca para fazer o que quisesse. Foi a coisa certa naquele momento – ele disse com um enorme ronronar.

– E agora ele vai fazer um filme! – Candy havia deixado de lado aquela coisa de menina descolada de Nova York e estava explodindo de orgulho fraternal. Era bonitinho, um adjetivo que Hadley não utilizaria para descrever Candy. – Recebeu a verba e vai filmar em Londres.

– Estou com *parte* da verba, Parafina – interrompeu Reed, lançando um meio sorriso preguiçoso para a irmã.

– Não me chame assim, Idiota.

Antes que Candy e Reed pudessem embarcar em uma troca de insultos, Hadley esticou as pernas, e, simplesmente, Reed virou a cabeça na direção delas.

– Sobre o que vai ser o seu filme? – perguntou.

Reed tinha uma boca linda. Lábios firmes salvos de serem bonitos demais por uma curvinha para baixo, como se não sorrisse com frequência.

– É sobre dois jovens, namorados de infância, que fogem para a Inglaterra porque os pais não aprovam o relacionamento. E são corrompidos pela cidade grande e perdem o foco dos sonhos – explicou Reed, franzindo o rosto em seguida. – Mas é mais engraçado que isso, e mais sombrio. Quero fazer como um *noir* moderno, tipo uma mistura entre Douglas Sirk e Larry Clark, entende?

Hadley não entendia. Era possível que Reed estivesse falando marciano. Mas ela entendia os aspectos importantes.

– Adoraria fazer um teste para você. Não que eu faça testes, mas talvez possa fazer uma leitura do script. Estou a fim de um papel desafiador para mergulhar de cabeça. – Mexeu a cabeça para que Reed pudesse ver como seu perfil direito era fotogênico e continuou: – Acho que ter meu nome associado ao projeto teria um impacto chocante, o que traria ótima publicidade, mas, depois, quando as pessoas vissem o que fiz com o papel...

Candy estava falando alguma coisa para Hadley apenas com movimentos de boca, parecendo extremamente pesarosa, e Reed cruzara os braços e não olhava mais para as pernas dela, mas diretamente nos olhos, com uma expressão impiedosa.

– Já tenho uma pessoa em mente – disse laconicamente. – Não me entenda mal, mas estou procurando alguma menina muita crua. Você é um pouco Los Angeles demais.

"Ele não era um pouco Los Angeles demais", Hadley pensou enquanto se sentia esfriar pelo desprezo gelado de Reed. Quase por pura força de vontade, evitou a onda de arrepios inesperados e sorriu.

– Sem problemas – disse levemente. – Não pode culpar uma garota por tentar.

– Claro. – Reed retribuiu o sorriso, sem qualquer calor. – Então, o que você estava falando sobre o seu iPod? – Voltou-se novamente para Candy, que quase perdeu a deixa antes de contar que todas as músicas tinham desaparecido depois que arrancou o cabo.

Hadley reprimiu um bocejo. *Ela* nunca perdia uma deixa, e agora ela percebeu que já havia abusado da hospitalidade. Além disso, até parecia que seria um pontapé inicial viável para ela um filminho *underground* de baixo orçamento sobre dois adolescentes descontentes!

– Vou dormir – disse, para ninguém em particular, levantando-se e saindo lentamente, com um singelo rebolado para mostrar ao Senhor Poderoso Diretor de Cinema que ela era muita areia para o caminhãozinho dele.

Hadley pensou um pouco mais sobre a situação enquanto esperava no corredor que Laura saísse do banheiro. Não ia se irritar, porque não se irritava. Mas para alguém que só saía com modelos, Reed certamente era convencido demais.

– O banheiro está livre.

Hadley levantou o olhar para ver Laura encarando-a.

– Hã?

– Só preciso escovar os dentes, depois o banheiro é todo seu – repetiu Laura, deixando a porta aberta.

– Seu cabelo está ótimo – Hadley disse encorajadoramente, enquanto abaixava o pote de creme frio feito especialmente para ela. Era muito difícil conversar com Laura, mas talvez o recente corte de cabelo ruim pudesse ser um bom assunto. – Fica muito bem em você.

Laura encarou o próprio reflexo no espelho de forma maligna.

– *Super* farei alongamento.

O banheiro cheirava a pelo menos dez marcas diferentes de perfume, spray para cabelos e loção corporal. Hadley tentou não respirar enquanto começava a tirar a maquiagem.

– O irmão de Candy é bem bonito – Laura disse repentinamente, com a boca cheia de pasta de dentes. – Não tirou os olhos dos meus peitos.

Os seios de Laura mereciam uma boa olhada, apesar de Hadley ainda não ter reunido coragem para perguntar se eram verdadeiros.

– Ele tem obsessão por modelos – respondeu brevemente. – É um daqueles caras que só sai com modelos.

– Bem, eu não estou solteira – disse Laura, como se caras que só saíam com modelos não fossem problema. – E o Tom é cinquenta vezes mais bonito do que ele.

Hadley já havia visto diversas fotos de Tom, o namorado no quadro de avisos de Laura, e ele sequer pertencia à mesma esfera de homens como Reed, apesar de ser razoavelmente bonitinho para um atleta de escola.

– Como você e o Tom ficaram? – perguntou Hadley, não apenas por ser uma ótima artimanha conversacional, mas também porque queria realmente saber.

Não queria realmente saber cada palavra, gesto inconsequente nem olhar ansioso que se passaram durante a paixonite de dois anos de Laura por Tom. Quando finalmente chegou na parte em que deram o primeiro beijo, os músculos da bochecha de Hadley já estavam doendo de tanto dar sorrisinhos amarelos encorajadores.

– Então, tipo, como você soube o que dizer para ele?

Laura cuspiu a pasta de dentes.

– Não sei – disse, sem ajudar em nada. – Simplesmente soube. Éramos da mesma escola, conhecíamos as mesmas pessoas e gostávamos das mesmas músicas. Temos muito em comum.

– Mas como sabia que tinham tanto em comum?

– Simplesmente aconteceu. Ora, Hads, você sabe como é quando está saindo com alguém. – Laura colocou a escova de volta no suporte e pegou a toalha. – Preciso ir dormir. Tenho uma sessão de fotos de capa amanhã.

– Legal – Hadley resmungou vagamente, esquecendo temporariamente do regime de beleza. Foi para a banheira e ficou olhando para as pontas vermelhas dos dedos dos pés através da água leitosa.

Hadley havia tido seu primeiro beijo televisivo aos nove anos de idade, quando ganhou o próprio namorado em *A casa de Hadley*. Basicamente ficavam de mãos dadas e passavam por aventuras televisuais, que sempre acabavam com eles dividindo um prato de cookies Oreos e um copo de leite. E até chegou a ter um interesse amoroso no último filme da série *Garotinha perdida* (que ainda se chateava com o fato de ter ido direto para o DVD), mas havia uma dublê que fazia as cenas de beijo, porque ela usava aparelho naquela época, e o agente dele se preocupou com machucados faciais em potencial.

Amber e o pai jamais a deixariam namorar de verdade, porque assim perderia o apelo familiar que tinha. E durante os dois anos em que estava "descansando", Amber mal permitiu que saísse de casa até que tivesse tirado o aparelho, feito plástica no nariz e perdido qualquer traço de gordurinha infantil. Hadley precisava encarar os fatos; era praticamente uma freira. Mas uma freira muito bonitinha, com malas combinadas da Louis Vuitton.

Bateram na porta, e antes que Hadley pudesse responder, Candy já estava entrando.

– Meu Deus! – ganiu Hadley, cobrindo tudo o que podia com os braços. – Eu não disse que podia entrar!

– Não dê mole para o Reed – disparou Candy, com as mãos cerradas em punho. – Ele não está disponível e não vai te dar um papel no filme. Então, saia de perto!

– Mas eu não estava...

– Você não faz o tipo dele, Hadley. E eu e você teremos sérios problemas se não conseguir inserir isso nos três neurônios que tem.

Hadley continuava em estado de choque e longe de uma resposta quando Candy saiu e bateu a porta atrás dela.

Na próxima vez iria se certificar de que Candy soubesse que era uma *kickboxer* treinada que poderia chutar garotas pequenininhas e desbocadas até a próxima cidade, se quisesse. Hadley saiu da banheira para que pudesse encontrar os pontos de pressão na base da espinha e fazer alguns exercícios respiratórios até se acalmar novamente.

Não sabia o que doía mais: Candy achar que ela estava interessada naquele irmão metido dela, ou Candy pensar que fosse burra. Estavam morando juntas havia quatro dias, certamente Candy já a conhecia melhor que isso.

– Ela mereceria levar uns belos golpes até recobrar o juízo – murmurou para si mesma e interrompeu o pensamento.

Bingo!

Não sabia nada de *kickboxing* até resolverem seguir uma linha de ação e aventura no *Garotinha perdida III*. Mas aprendeu. Hadley fez aulas com Chuck Diver, o melhor treinado de *kickboxing* dos Estados Unidos. E não tinha aprendido a dançar o tango dos créditos finais de *A casa de Hadley* até fazer aulas.

Quem sabia, fazia. Quem não sabia, pagava alguém que ensinasse. No que se referia a meninos, ela era tão sem noção quanto uma menina evangélica em seu primeiro baile, então precisava de ajuda. Ajuda profissional.

Além disso, como poderia fazer marketing como um talento maduro e excitante, se nunca tinha saído com nenhum menino antes?

Hadley foi até o quarto e pegou o Sidekick.

– Ei, Mervyn! – exclamou, quando ele atendeu. – Espero não tê-lo acordado.

– Eu estava dor...

– É, que seja, desculpe. Andei pensando no nosso projeto secreto, e não fará mal conhecer o plano B. Posso terminar com ele após algumas semanas. Você pode ligar e arranjar com o pessoal dele um encontro o quanto antes?

– Hadley, querida, pensei que tivesse dito que...

– Mudei de ideia, porque sou maluquinha e tudo mais. – Hadley não esperou para ouvir se Mervyn iria captar a ironia elevada dessa declaração. – Vamos conversar logo cedo amanhã.

A Operação Estrela tinha acabado de englobar um terceiro objetivo. Ou seria um quarto objetivo? Hadley fez uma anotação mental de resolver isso no dia seguinte.

# Capítulo quatro

O pessoal dele passou um monte de regras para o pessoal dela, ou seja, para Mervyn. Reuniões eram marcadas. Reuniões eram canceladas com uma hora de antecedência, tudo atribuído a mudanças repentinas na agenda de gravações dele, apesar de ele trabalhar como terceiro protagonista em um seriado britânico; e não em uma trilogia de ação de um grande estúdio hollywoodiano. Vai sonhando.

Hadley não achou graça. Disse a Mervyn para cancelar o encontro. Anulado. Não iria mais acontecer. Finito. E cinco minutos mais tarde ligaram de volta, pedindo desculpas e prometendo que aconteceria na manhã seguinte.

O que seria ótimo, pois Hadley tinha uma sessão de fotos marcada para aquela tarde e uma regra sobre ser pontual.

– Teremos de acabar antes de uma da tarde – disse Mervyn pela quinta vez, enquanto pagava o táxi.

– Duvido que alguma coisa seja arranjada hoje. – Mervyn franziu o rosto quando o sol atingiu seus olhos vermelhos. A luz do dia não fazia bem para ele. – Não vou aturar...

– Posso fazer uma pergunta pessoal? – Hadley não esperou pela resposta, porque, de verdade, tinha de ser dito. – Você possui um ferro de passar, ou, tipo, uma máquina de lavar? Porque precisa pensar na impressão que está passando.

Hadley olhou significativamente para o velho terno surrado que Mervyn sempre vestia. Para falar a verdade, com o que ela pagava, ele podia comprar alguma coisa feita por um daqueles alfaiates britânicos.

– Sou um homem ocupado, não tenho tempo para passar roupa.

– Bem, arrume tempo – Hadley sugeriu docilmente, ajustando o colarinho da jaqueta de couro Gucci, e seu cabelo escorreu como uma cortina dourada de seda. Lembrete para si mesma: precisava colorir as raízes. – Tipo, hoje quero transmitir uma imagem jovem, descolada, e milhões de anos distantes d...

– Daqueles *twin-sets* horríveis em tom pastel que você usava em *A casa de Hadley*? – Mervyn interrompeu astutamente. – Mais moderna, menos mórmon?

Hadley e os jeans justinhos tomaram uma decisão executiva de ignorar o agente da imprensa. Em vez disso, lançou um sorriso arrebatador ao porteiro, porque Mervyn certamente não receberia um.

Tinha ficado ligeiramente alarmada por estarem tendo esse encontro em um quarto de hotel. Parecia um pouco leve demais, mas o lobby minimalista do hotel em Notting Hill ajudou a acalmar-lhe os nervos. Ainda podia sentir o suor nas palmas enquanto subia o elevador com Mervyn, que tinha levado a sério a conversa com ela e abotoado o paletó para esconder a pequena mancha (possivelmente ketchup) na camisa.

– Está nervosa? – perguntou Mervyn, ao chegarem ao quinto andar. – Vai ficar tudo bem. Eu falo, como concordamos.

– Absolutamente *não*. Não estou nervosa – insistiu Hadley, com uma batida imperiosa na porta. – Por que estaria nervosa?

A porta foi aberta por uma empregada de cara feia, e atrás da cabeça da mulher viu um chumaço de cabelo quase tão louro quanto o dela.

Foram necessários dez passos para chegar até sofá e um esforço hercúleo para conseguir sentar e olhar nos olhos de George. *George.* Seu arqui-inimigo absoluto. Seu interesse amoroso durante as três temporadas finais de *A casa de Hadley*, que infernizou cada uma daquelas temporadas com seus comentários desdenhosos, seus roubos de cena e pegadinhas irritantes, como trocar o creme de espinha por pasta de dentes.

Teoricamente, George deveria ser bonito. Fizera bronzeamento artificial, tinha cabelos invejavelmente louros, a linha do maxilar perfeita, mas as partes separadamente bonitas de George, quando somadas, não eram tão atraentes. Era apenas mais um louro hollywoodiano bonitinho com nada que o pusesse acima do melhor amigo, ou do namorado para causar repercussão, ou papéis desse tipo, o que significava que não era estrela.

Jamais teria seu lugar ao sol, então por que George estava sorrindo como se fosse melhor do que ela?

– George – Hadley disse timidamente, inclinando a cabeça cinco graus na direção dele e resistindo ao impulso de se jogar no sofá.

George cerrou os olhos e exibiu um sorriso luminoso.

– Oi, Hadley. Qual é a sensação de ser uma ex-famosa?

Ah, que abusado!

– Não sei. Qual é a sensação de *ainda* ser de terceira categoria?

– Devo admitir que estou surpreso em vê-la aqui – George confessou em tom baixo. – Porque li uma história no defamer.com que dizia que você tinha morrido de overdose de heroína em um quarto no Château Marmont. Que bom que conseguiu se livrar do vício.

– E li em algum lugar que você é uma bicha louca e foi pego fazendo uma coisa que prefiro não repetir com um homem casado, e que é por isso que precisa de uma namorada de fachada. Então pode tirar esse sorrisinho idiota do rosto, George. Não está impressionando ninguém. – Hadley cruzou as pernas e encarou George com seu olhar menos comovido até ele ser forçado a recuar. Era bom saber que ainda tinha o poder de pegá-lo pelas bolas, com o perdão da palavra.

– Ele não era casado, e eu não sou gay – explodiu furioso, antes de se ajeitar para poder sorrir novamente. – Você não mudou nada. Como sempre, a doçura e a leveza são meramente artificiais, e, aliás, querida, fico feliz que aquelas espinhas finalmente tenham desaparecido.

Hadley não iria se dignar a responder. Exceto...

– O que vem de baixo não me atinge – entoou.

– Pelo menos estou *trabalhando* – retrucou George. – E pelo menos meu pai não roubou todo o meu dinheiro.

Jurou não deixar George atingi-la. Mas ele era muito bom nisso.

– O quê? Está falando daqueles míseros 20 mil dólares por temporada que ganhava enquanto eu recebia, quanto mesmo? Ah, sim, isso mesmo, meio milhão.

– É uma pena que não tenha conseguido gastar um pouco em uma cirurgia de implante de seios antes...

Hadley levantou o olhar, quase revirando os olhos, para ver Mervyn e a assessora de George sentados no sofá oposto, com a cabeça de um lado para o outro, como se estivessem em um jogo de tênis.

– Não vai dar certo, vai? – disse Mervyn, balançando a cabeça. – Delia e eu achávamos que pudessem superar o passado.

– Do que você está falando? – Hadley perguntou mal-humorada. – Claro que vai dar certo, não vai, George?

– Por que diabos não daria? – irritou-se George. – Melhor um demônio conhecido. Além disso, se posso ajudar uma velha amiga que talvez nunca mais arrume trabalho, então esta é apenas minha maneira de retribuir.

– Que seja! Nenhuma menina no país o aturaria. – Hadley voltou-se para Mervyn. – É muito simples, Merv. Arrumamos umas roupas cuidadosamente coordenadas, aparecemos juntos em algumas fotos, preparamos algumas declarações sobre como perdemos contato, nos reencontramos e nos apaixonamos. Não precisamos gostar um do outro de fato.

– E contanto que Hadley não tente usar a língua quando estivermos nos beijando, ficará tudo bem – George acrescentou docilmente.

E a isso ela apenas sibilou:

– Até parece! E quero um bom percentual de bônus financeiros dependendo da cobertura que recebermos. Ei, podemos até ficar noivos!

– É, desde que você compre o anel.

George era a pior cobra da história a deslizar sobre a Terra. Hadley pegou o Sidekick e digitou um lembrete de que, quando fosse a hora certa, *ela* daria um pé na bunda *dele*.

– Acho que concluímos por aqui – anunciou decisivamente, levantando-se. – Mervyn, você pode coordenar as agendas com Delia. George, é melhor pegar leve com essas luzes. As pessoas vão começar a desconfiar que você não seja louro natural.

Não era nem hora do almoço ainda, e Hadley já havia conseguido um namorado falso, dar orientações de estilo a Mervyn e chutar George para a vala à qual pertencia. Suas habilidades múltiplas eram formidáveis.

# Capítulo cinco

Hadley ainda estava curtindo uma onda de invencibilidade ao entrar no estúdio fotográfico.

Derek conversava com alguém, que provavelmente era o fotógrafo. O que o denunciou foi a câmera que ele segurava. Não que Hadley tivesse visto o portfólio. Além disso, o estúdio era um pouco pequeno. Nada como o complexo Smashbox em Los Angeles, que seria sua locação de escolha. Mas não estava mais em Los Angeles, então tinha de sofrer, quase o tempo todo, em silêncio.

– Oi, sou Hadley – disse ao fotógrafo, certificando-se de que seu aperto era firme. – Quem você já fotografou?

– Vince, prazer em conhecê-la. – Ele era um Cockney*, como se viesse daquele programa que Laura assistia, *EastEnders*, ou coisa do tipo. – Fiz um pouco de fotografia de moda, para *Polka Dot*, e fotografo um monte de coisa de celebridades para os suplementos de domingo.

Por que ela nunca entendia os ingleses?

– Vince fotografou Elektra para a capa da *Observer Music Monthly* – disse Derek, com uma mão no ombro dela, como se ela devesse começar a se afastar. Hadley fincou pé.

* Cockney: como são chamados os londrinos que moram no East End. (N. da T.)

– Quero quer as fotos sejam ousadas, mas não demais – informou a Vince, tirando o caderno da bolsa Louis Vuitton. – Faremos alguns rolos em preto e branco e prefiro ser fotografada ligeiramente de cima. E nem perca tempo com meu perfil esquerdo, tudo bem? E trouxe alguns recortes para você ter ideia do clima que quero.

Hadley colocou uma foto recente da Christina Aguilera para a *Vogue* sob o nariz de Vince e o viu mordendo o lábio. Não inspirava confiança.

– É toda uma questão de iluminação – ela disse gentilmente. – E fico melhor com um painel quase branco atrás.

Vince assentiu vigorosamente.

– Tudo bem, já cuido disso. – Ele já estava saindo para gritar instruções aos assistentes. A vida era tão mais simples quando ela dizia aos outros o que fazer e eles obedeciam.

– Hadley, precisamos...

Agora essa era uma lição para Derek também.

– Ei, como você está indo? – ela o afagou gentilmente no braço. – Algum trabalho para mim?

– Diversas possibilidades. Sabe, tem um ótimo trabalho de apresentadora de TV disponível. – Derek tinham grandes olhos castanhos, que a encaravam profundamente, mas Hadley estava imunizada.

– Já disse a você, nada de trabalhos na TV, a não ser que seja como convidada em um *talk-show* de boa audiência. Que tal campanhas publicitárias? Já se passaram quase duas semanas! – Sua voz estava definitivamente atingindo um tom mais alto, o que não era bom. – Derek, preciso de você a bordo do navio *Hadley*. Tem de se esforçar mais.

A mão dele estava novamente no ombro de Hadley, tentando virá-la para a esquerda.

– Hadley, você precisa confiar em *mim* para gerenciar sua carreira, e *você* precisa gerenciar suas expectativas – Derek falou calmamente. – Não vai ser da noite para o dia.

Como se ela fosse tão maluca!

– Eu sei, mas você teve muito mais do que da noite para o dia. Não posso ficar sentada esperando a fama bater na porta.

Jamais admitiria em voz alta, mas às vezes sentia falta de Amber. Pelo menos quando *ela* mandava que os outros pulassem, sequer perguntavam "a que altura?", simplesmente saltavam sem um pio.

– Ouça, vamos tirar umas fotos ótimas hoje – Derek disse em tom mais conciliatório. – Tenho alguns almoços marcados e vamos soltar umas fofocas.

Hadley ergueu as mãos em sinal de derrota.

– Tudo bem, mas quero boas notícias antes do fim da semana. Com um cheque belo e gordo junto. Pode me trazer uma água, com gelo e limão, por favor?

Uma vez que Derek fora despachado para fazer uma coisa que nem ele poderia errar, Hadley teve de entrar em batalha com Gill, a estilista, que não tinha vestidos de grandes designers para ela.

– Nenhum deles quis emprestar – disse. – Mas conseguimos coisas ótimas.

Roupas de cadeias de lojas aborreciam Hadley. Ela deu as chaves de casa a Gill e disse a ela que pagasse um táxi até o apartamento para trazer suas próprias roupas de marca.

Uma vez despachada, Hadley pegou o pote de óleo de lavanda e inalou lufadas calmantes enquanto conversava com Kerry, a maquiadora, sobre as novas sombras brilhantes da MAC. Era sempre bom ficar ao lado dos pequenos.

– A azul ficaria linda com seus belos cabelos ruivos – disse Hadley. – Então, estava pensando em fazer alguma coisa com olhos esfumados. Faço minha própria base, depois quero lábios verdadeiramente neutros.

– Achei que o batom vermelho fosse ficar ótimo em você. Muito sofisticado – disse Kerry, segurando um tubo de brilho labial que deixaria Hadley parecendo uma prostituta adolescente. Não que já tivesse visto alguma, mas já tinha visto episódios de *Law & Order* o suficiente para ter uma ideia.

– Não, definitivamente neutros – Hadley disse com firmeza. – Bege escuro, mas não escuro demais, com um tom, tipo, morno.

Não era de surpreender que quando estava diante da câmera, usando a própria camisa Juicy Couture e jeans Sass And Bide, Hadley se sentia um pouco esfarrapada. Na realidade, muito esfarrapada.

Enquanto Vince fotografava, ela mudou a pose singelamente, inclinando a cabeça, variando o sorriso, ajustando os ombros.

Click.

Click.

Click.

Sentia saudades daquele som. Sentia saudades de olhar para a lente da câmera e de fazer o que fazia melhor: ser Hadley Harlow. Fingia rir, fingia surpresa e fingia ser a multifuncional garota da casa ao lado. Mas uma versão ligeiramente crescida do que a que o público estava acostumado.

Terminaram os filmes em preto e branco e Hadley estava colocando um colete rosa para algumas fotos mais alegres quando Vince apareceu nervoso no campo de visão.

– Quero fazer mais um rolo em preto e branco, e tente alguma coisa um pouco diferente, tudo bem?

Foi o bastante para deixar Hadley imediatamente desconfiada. Não gostava de diferente, a não ser que ela aprovasse antes.

– Como assim, diferente? Não falamos em diferente.

Vince esfregou o queixo, ansioso.

– Quero fazer umas fotos só de rosto, bem simples, olhos grandes e bonitos, e sem sorriso.

– Mas não posso *não* sorrir – Hadley insistiu, seguindo-o pelo set. – Meu sorriso é, tipo, meu PPM. Meu Principal. Ponto. De Marketing, para sua informação.

– Você tem muitos pontos de marketing, Hadley – disse Derek por trás da câmera. – Você é muito bonita, e disse que queria ser levada a sério como artista criativa. Então, se tirássemos algumas fotos mais sérias, chamaria de verdade a atenção das pessoas.

Derek tinha razão, mas estava se esquecendo de uma coisa importante.

– Sou uma garota comum, ao mesmo tempo em que sou uma artista séria – Hadley lembrou. – Preciso parecer amigável.

– Ah, mas vai parecer. Kerry, pode abaixar o cabelo dela?

Hadley colocou duas mãos protetoras sobre o cabelo, que tinha sido cuidadosamente preparado e penteado para ficar volumoso.

– Mas tenho cabelo grande. É outro dos meus PPMs – saltitou.

– Cabelo grande não é bom aqui na Inglaterra – disse Kerry, trazendo algumas chapinhas e uma escova redonda. – E posso colocar sua franja para trás. Veja, pregadores brilhantes! – ela mostrou a Hadley as presilhas brilhantes que trazia na palma da mão, como se isso fosse fechar o acordo.

Fez uma careta enquanto Kerry começava a mexer no cabelo.

– Faremos apenas umas polaroids, só para ver como saem as fotos – insistiu, lutando para recobrar algum controle na voz.

– Claro – prometeu Vince, mas Hadley percebeu o olhar conspiratório que ele lançou a Derek, como se tivessem planejando isso havia dias.

E quando não teve tempo de sequer olhar para o cabelo *esticado* na frente do espelho, mas foi empurrada para a frente da câmera,

Hadley soube que tinha sido enganada. Certamente não estava com a menor vontade de sorrir, então funcionou muito bem.

– Quero que sorria com os olhos, mas mantenha o rosto firme. Consegue fazer isso? – Vince perguntou incerto.

Bem, dã. Não era ciência espacial. Hadley levou um segundo para se voltar ao seu lugar feliz, o dia em que ganhou o Sr. Chow Chow, seu bichinho de estimação mexicano careca. Lembrava-se dele pulando para lambê-la no rosto, sem se importar com as manchas e o aparelho. Santas patas sem pelos.

– Lindo, lindo, belos olhos, olhe diretamente para mim – disse Vince. – E vire um pouquinho para a direita.

Hadley estava tão perdida no devaneio com o Senhor C-C (a primeira vez em que foram juntos para a praia, quando pintou as unhas dele de rosa para combinarem com as dela) que inicialmente não percebeu que Vince estava tirando fotos. Tirando fotos reais, com uma câmera que não cuspia fotos instantâneas entre os takes.

– Pare aí! – disparou. – Era para tirarmos algumas fotos para eu decidir se estavam boas. – Sorrir com os olhos ou qualquer outra parte do corpo não era uma opção enquanto apontava para a câmera. – Traga aqui.

Seus truques mentais Jedi foram bem melhores do que Hadley pensara, porque Vince estava vindo na direção dela.

– Estão lindas – ele insistiu. – Mal a reconheço.

– Isso não é uma coisa boa! – Hadley cerrou os olhos para a telinha, horrorizada. – Pareço velha. E triste. E meu cabelo está horrível. Quero que as delete agora. Vamos, vá em frente!

– Mas-mas-mas... – Será que Vince concluiria essa frase em algum momento antes do fim da semana?

– Hadley, você está linda e suavizada. – Agora Derek estava se envolvendo também. Hadley se sentia atacada por todos os lados. Era como se estivesse de volta em casa com os pais.

– Não quero parecer linda e suavizada. Quero parecer comigo! Quero parecer Hadley! Que parte disso é um problema para vocês? – a súplica carregada na voz foi perfeita. Sempre soube utilizá-la muito bem em *A casa de Hadley* quando os pais não a deixavam sair e viver aventuras.

Com Vince não teve o mesmo efeito.

– Dane-se isso! – irritou-se, puxando de volta a câmera. – Não recebo o suficiente para lidar com divas feito você.

– *Não* sou uma diva – indignou-se Hadley, mas Vince já estava saindo com a câmera contendo aquelas fotos horrorosas. Voltou o olhar angustiado para Derek, que olhava incrédulo para o fotógrafo.

– O temperamento artístico – suspirou com conhecimento de causa. – Sabe como é.

Hadley assentiu.

– Mais ou menos. E também sei que se não destruir estas fotos, não pagarei um centavo a ele por esta sessão. Não estou sendo má, só estou colocando as coisas como elas são, certo?

Levou horas, bem, trinta minutos, para fazer o cabelo voltar ao normal e ousar deixar o estúdio para encontrar um táxi.

# Capítulo seis

Duas semanas se passaram tão lentamente que Hadley se convenceu de que havia algo errado com o calendário.

Nunca sentira tanto tédio em toda a vida. Não tinha nada para fazer a não ser ir para a academia, ao spa que descobrira, e encher a paciência de Derek com telefonemas sobre seu completo fracasso em arrumar algum trabalho publicitário ou aparição na TV para ela.

Até agora tinha dado uma entrevista e feito uma sessão de fotos com uma revista para adolescentes, como parte de uma reunião de novos talentos. Sequer teve uma página exclusiva, mas precisou dividir com alguém que havia tirado o terceiro lugar em um show de talentos na TV.

Por mais quanto tempo Derek pretendia enrolá-la com ofertas fraquíssimas de campanhas publicitárias australianas, ou vagas de apresentadora convidada em programas que passavam depois de meia-noite e que nem Laura conhecia?

Pelo menos Laura estava igualmente abatida. Não que Hadley quisesse ver alguém abatido, mas se tivesse de ser uma modelo desempregada, pelo menos tinha companhia. Tentara contar a Laura que deveriam utilizar esse tempo de forma construtiva, mas Laura achava que significava comer o correspondente ao próprio peso em chocolate, sem encaixar mais nenhuma aula extra de spinning, ou alguma massagem facial.

Irina e Candy nunca se encontravam em casa, pois ambas estavam trabalhando. O que era bom, porque Irina ria cada vez que Hadley abria a boca, enquanto Candy ainda estava sendo superfria. E também era ruim, porque Irina havia ensinado a Hadley como utilizar o micro-ondas e o controle do DVD, mas ela continuava tendo problemas com a máquina de lavar, e mandar roupas íntimas para a lavanderia era um pouco caro. Além disso, sentia um pouco a falta de Candy, pois compartilhavam uma língua comum, na qual um tomate era um tomate* e uma panqueca não era um crepe.

Hadley suspirou enquanto passava hidratante entre os dedos dos pés, e ouviu Laura fazer *outra* viagem à cozinha. Alguém teria de intervir logo, pois, da última vez em que Hadley checou, modelos bem-sucedidas não tinham pneus.

No quarto, acariciou amavelmente seu vestido Vicktor & Rolf rosa antes de colocá-lo. Tinha pequenas mangas bufantes, com laço preto nas pontas, e lhe dava cintura e quadris de fato. Normalmente ela era toda reta, como uma vara de pesca, conforme Amber frequentemente destacava antes da conversa desembocar em implantes de bumbum e outras coisas que Hadley não gostava de pensar.

Mervyn havia organizado uma sessão de fotos na abertura de um tal de Tiki Bar em um lugar chamado Kennington. Para encaixar a cabeça na temática havaiana, Hadley colocou um ar-

* Em inglês existe um jogo de pronúncia com a palavra *tomato* que pode ser pronunciada to-may-to ou to-mah-to, com a pronúncia americana e britânica, respectivamente. Popularizou-se uma forma de dizer "to-may-to, to-mah-to", que significa que as duas coisas têm o mesmo significado, ou produzem o mesmo efeito. (N. da T.)

ranjo de flor no cabelo e estava acabando de usar um pouco de spray corporal com glitter quando ouviu uma batida tímida na porta, e a cabeça de Candy apareceu.

– Você vai a essa coisa de Tiki? – perguntou, apesar de a presilha de hibiscos denunciar. – Os organizadores estão mandando uma limusine para mim, quer uma carona?

Hadley adoraria dizer para Candy regiamente que preferia pegar um táxi, mas, meu Deus, como estava com saudade de andar de limusine. Grandes limusines, com janelas com vidro fumê e geladeiras cheias, que bloqueavam toda a rua quando viravam a esquina. Não era justo que Candy tivesse limusines, ou fosse para Miami fazer propagandas de sapatos, ou fosse paga para ir até a Alemanha acenar para pessoas. Mas eram os quinze minutos de Candy, então Hadley fingiu considerar a oferta enquanto esperava o glitter secar.

– Pode ser – suspirou, como se fosse ela que estivesse fazendo um favor a Candy. – Desde que não ache que estou flertando com o motorista, ou coisa do tipo.

– Ah, que seja – Candy disse rispidamente. – Chamei sua atenção em relação a Reed há várias semanas. Supere isso de uma vez!

Bateu a porta, o que foi uma falta de consideração, visto que Hadley estava tentando se equilibrar em um par de mules com saltos de doze centímetros. Mas voltou alguns segundos depois.

– Vou sair às dez, estando você pronta ou não.

A atmosfera no fundo da limusine fervia tanto que Hadley desejou que tivesse se arranjando sozinha. O carro era grande o suficiente para doze, então, por sorte, havia bastante espaço entre ela e Candy, que estava usando um vestido bizarro, possivelmente feito de velhos jornais.

– Quando vai superar o faniquito? – Candy soltou de repente. – É mais do que imaturo.

Candy era *tão* briguenta. Às vezes ela se esquecia de que não havia mais câmeras atrás dela vinte e quatro horas por dia, sete dias por semana, e que a vida não precisava ser uma sucessão de dramas.

– Não estou tendo faniquito – insistiu Hadley. – Você foi vil comigo e *superinvadiu* minha privacidade. Eu estava na banheira!

– Você vive na banheira, e daí? Fui vil com você? Grande coisa!

– É uma grande coisa quando você desrespeita as pessoas – Hadley disse simplesmente, porque era.

– Bem, você estava desrespeitando a mim e ao Reed exibindo suas pernas e seus peitos, e...

Hadley nunca ficou tão feliz em ouvir o Sidekick tocar o tema de *A casa de Hadley*. Estava torcendo ansiosamente por isso.

– Hadley falando – entoou, ignorando o bufo de escárnio de Candy.

– Querida, é Amber. – O coração de Hadley parou. Amber só utilizava esse tom afetuoso quando queria alguma coisa.

– Oi, Amber, o que foi?

– Não posso simplesmente ligar para minha única filha para conversar?

Pela experiência de Hadley, não; mas resolveu jogar o jogo.

– Então, tudo bem com você e com os, hum, fetos?

– Bem, arrumei um agente que está procurando programas novos para arrumar uma vaga em uma série para eles, então, cruze os dedos.

– Isso é ótimo, mãe. – Hadley tentou injetar boas quantidades de entusiasmo na voz. Não achava que tinha conseguido.

– Quando você nasceu, teve icterícia na primeira semana. – Hadley podia *sentir* Amber estremecendo pelo telefone. – Ficou toda amarela. Foi nojento, mas já providenciei as vacinas de vitamina K e podemos fazer os *composites* de uma vez. Então, você está trabalhando?

Hadley nem precisou pausar.

– Estou com alguns projetos muito bons em desenvolvimento.

– Isso não significa nada, *baby*! O que sempre digo? Vamos, o que sempre digo?

– As coisas não estão boas até que contratos sejam assinados – Hadley disse entredentes, ciente de que Candy estava ouvindo. – Sei disso, mas Londres não é Los Angeles, e estou tendo de criar as bases de relações públicas primeiro. – Mesmo aos próprios ouvidos soava péssimo.

– Hadley, vou direto ao assunto – Amber disse rapidamente, porque agora já haviam passado pelas gentilezas sociais e ela podia tratar do verdadeiro motivo pelo qual estava ligando pela primeira vez em mais de um mês. – Preciso de dinheiro. Tenho contas médicas, comissões de agentes, e preciso dar um sinal em um apartamento maior...

– Não tenho dinheiro, mãe, já disse. – Hadley estava cruzando os dedos, mas ainda assim sentiu uma pontinha de culpa incomodando. – Quando conseguir trabalho...

– Não posso esperar tanto assim! – irritou-se Amber. – Encare os fatos, você provavelmente nunca mais vai trabalhar. Não é nenhuma Lindsay Lohan. Mas seu antigo agente ligou dizendo que um dos canais a cabo está reprisando *A casa de Hadley*, e sabemos o que isso significa.

Hadley sabia exatamente o que significava, mas queria ouvir Amber dizer.

– Sabe que não sou boa com assuntos de negócios – disse Hadley. Candy riu de algum lugar à esquerda, mas Hadley não podia imaginar por quê.

– Comissões de reprise, querida. – O traço de doçura havia voltado, e Hadley não precisava ser um gênio para saber o que vinha em seguida. – Poderia assinar uma procuração para mim, garotinha? Só esta vez. Peço para o meu advogado mandar um fax...

– Quanto? – perguntou diretamente.

– Bem, eles são uns mesquinhos safados...

– Quanto e quantas temporadas vão exibir?

– Todas elas, do primeiro ao último episódio – Amber admitiu após uma pausa. – Não tenho os valores exatos aqui, mas...

– Bem, quando tiver mande para a Fierce e a gente entra em um acordo. Você pode ficar mais ou menos com metade e compensar com os ganhos dos gêmeos – disse apressada. – A não ser que os contadores consigam encontrar aquela conta no exterior do papai que, tipo, desapareceu sem vestígios.

– Sabe que não tive nada com isso. – No momento certo, Amber soltou soluços altos e barulhentos. – Não posso me chatear! Sabe o quanto minha pressão estava alta na semana passada? Meus Deus, Hadley, passei fome para que você tivesse roupas bonitas para testes. Abri mão da minha carreira por você, e você não libera nem uns trocados.

Amber gritava agora, cada palavra audível; até Candy estava se encolhendo no assento luxuoso de couro.

– Mande os números e fazemos um acordo, mãe – repetiu Hadley. – Prometo que dou um pouco dos resíduos.

– E não preciso pagar de volta? – Amber procurou esclarecer logo. – Porque somos família e precisamos manter a união, certo?

– Certo – Hadley concordou fracamente. – Vou me certificar de que tenha tudo o que precisa.

– E queria muito dar entrada em um condomínio. – Amber nunca, nunca parava enquanto estava ganhando.

Hadley pôde sentir cada fio de cabelo se arrepiando enquanto continha a fúria que crescia.

– Sem forçar – aconselhou suavemente e desligou.

A única coisa boa sobre a ligação foi o fato de que Candy, chocada calou-se pela primeira vez na história.

Infelizmente, não durou muito.

– Por acaso acabou de *rugir*? – disse Candy, com os olhos inteiramente arregalados. – Não achei que você sequer soubesse rugir.

– Minha mãe esquece que me divorciei dela aos onze anos – Hadley disse suavemente. Candy ficou boquiaberta de modo que o lábio inferior quase roçou o carpete de pelúcia. – É toda uma questão de trabalho infantil na Califórnia. Se fosse uma adulta legalmente emancipada, então poderia trabalhar mais, sem precisar de intervalos de descanso e estudo. Todo mundo fazia isso.

– Gostaria de poder me divorciar da minha mãe – Candy disse com pesar. – Ela é uma vaca.

Bette Careless não parecia uma vaca na TV – maluquinha, egocêntrica, melodramática; mas não uma vaca. Ao contrário de Candy, que se encolhia cada vez que Bette tentava beijá-la.

– Não deveria xingar seus pais, principalmente na frente dos outros – disse Hadley. – É indigno.

E pela segunda vez em um espaço de cinco minutos, Candy, chocada se calou.

# CAPÍTULO SETE

Hadley não acreditava em poderia-ter-sido. Era melhor se arrepender do que se fazia do que daquilo que não se fazia. Era isso que seu *yogi* costumava dizer. Mas o *yogi* não havia testemunhado o momento em que George e Candy se viram pela primeira vez. Se tivesse visto, teria desistido do budismo e começado a estocar enlatados para o inevitável apocalipse.

– Ai, meu Deus, menina! – ganiu George quando viu Candy surgindo de trás da corda de veludo. – Eu te idolatro, sua vaquinha de boca suja!

– Também amo você! – Candy jogou os braços em volta de George enquanto as câmeras começavam a piscar. – É o que há de mais engraçado naquela comédia idiota.

Hadley bateu o pé impacientemente e esperou que Candy se afastasse do *seu* namorado de mentira.

No fim, não teve escolha senão ir atrás dele, como se fosse uma vela, enquanto se dirigiam à área VIP. Para ofender além de machucar, Candy e George atravessaram a porta sem olhar para trás enquanto ela foi forçada a insistir docilmente que, sim, estava na lista, muito obrigada.

– ...pesadelo, Candy – ouviu George dizer, enquanto os alcançava. – Atropelava todas as minhas deixas e depois a Mãezilla, era assim que chamávamos Amber no set, baniu todos os doces, porque a Hadley poderia engordar.

– Tenho intolerância a trigo – Hadley disse de forma gélida, sentando no estande. – E nunca atropelei suas deixas.

– Não leve as coisas tão a sério, Hadders – aconselhou Candy, acenando para uma garçonete que depositou uma bandeja cheia de drinques coloridos sobre a mesa. – Deu certo no final, não deu?

– Deu certo como? – Com suspeita, Hadley cheirou um dos drinques e quase se furou com um guarda-chuva de enfeite. Após a incursão no champanhe e a dor de cabeça horrorosa do dia seguinte, tinha voltado a viver sem álcool.

– Bem, você e George são o sonho jovem do amor – Candy disse maliciosamente, cutucando George, que riu. – Quero dizer, arrumem um quarto, vocês dois!

Obviamente era para ser uma piada, considerando que estavam a quilômetros de distância, mas Hadley se forçou a desfazer a careta e sorrir docilmente para George, que fez uma careta.

– Hadley não é ruim – disse a contragosto. – Mas, ei, não acha que ela é mandona demais sob esse exterior fofo? Ela é toda, tipo, me abrace, tem um fotógrafo ali, ou, não seja tão gay quando há pessoas em volta. – George tapou a boca com a mão ao perceber a gafe monumental.

O sorriso de Candy brilhou.

– Mas você não é gay – destacou –, pois não estaria saindo com Hadley, se fosse.

– Todos em Londres agem como gays – George falou apressadamente. – É a atitude nova legal.

– É verdade. – Deixe por conta de Candy ser tão desconfiada.

– Entenda, George banca o afeminado porque pensa que é engraçado – disse Hadley, o que foi uma grande conquista, considerando a forma como sua mandíbula estava rija. – Apesar de já ter dito a ele um milhão de vezes que não é.

George deslizou no assento para poder passar um braço casualmente ao redor do ombro de Hadley.

– Sabe que adoro te chatear, doçura – entoou, dando um beijo na bochecha dela. Hadley poderia ter ganhado um Oscar ali mesmo por ter resistido ao impulso de esfregar o local onde os lábios de George – lábios de George! – haviam tocado.

– Você é tão engraçado, querido. – Hadley deu um sorriso afetado, afagando a mão dele. E, se enfiasse as unhas só um pouquinho, até Deus perdoaria.

– Tome alguma coisa – George sussurrou no ouvido de Hadley enquanto Candy acenava para alguém do outro lado da sala. – Solte-se um pouco antes que ela comece a perceber que na realidade não suporto nem olhar para você.

– A recíproca é mais do que verdadeira – Hadley sussurrou de volta e pegou a bebida mais próxima, uma mistura rosa fluorescente com um pedaço de abacaxi no fundo. Hadley tomou um gole cauteloso.

– Isso tem romã – anunciou, ignorando o gosto ácido que ficava na boca, que era mais alcóolico do que frutado. – É tipo muito saudável.

– Viu? É praticamente um brinde de saúde – disse George.

Candy concordou com ele.

– Pelo amor de Deus, Hadders, pare de cheirar e beba de uma vez. – Tomou um gole longo e entusiasmado do próprio drinque.

Definitivamente tinha o gosto melhor do que o de champanhe. E a segunda bebida, um Martini de amora, era quase delicioso, apesar de as sementes ficarem prendendo nos dentes.

Quando Candy e George foram dançar, ela até conseguiu sorrir para eles. Ui, talvez pudesse fazer com que Mervyn vazasse alguma história de triângulo amoroso para os tabloides de fofoca – contanto que saísse como vencedora no final.

Hadley chamou o garçom com a bandeja para poder tomar mais um Martini de amora – eles realmente deixavam um gostinho de quero mais. Estava começando a ficar um pouco tonta. Pela primeira vez desde que sentara no escritório do advogado havia tantos meses, a ansiedade aguda e irritante fora embora.

Era apenas uma menina com uma flor rosa no cabelo, tomando um Martini em uma boate em Londres. Não precisava brigar com ninguém, nem fazer o trabalho de ninguém, ou se lembrar de afastar o perfil direito das câmeras. Se era isso que a bebida fazia por alguém, então ela gostava.

Tudo ia bem até Hadley finalmente tentar se levantar, e as duas pernas resistirem. Podia fazer coisas em cima de saltos doze que a maioria das meninas sequer sonhava em fazer, mas, de repente, se equilibrar sobre eles era um problema.

Os joelhos bateram dolorosamente e ela caiu com as costas em alguém.

– Desculpe! – E isso também era estranho. Seus dentes estavam dormentes. Hadley passou a língua experimentalmente sobre eles, e todos pareciam estar presentes, e nos respectivos lugares, mas na realidade a língua também parecia esquisita. Como se fosse feita de borracha.

Precisava ir ao banheiro, e precisava encontrar George, e talvez precisasse de outra bebida também. Levou alguns segundos para organizar as prioridades, e foi descendo cambaleante pelas escadas, agarrada ao corrimão.

– Pit-stop feito (duas das garotas no banheiro cantaram desafinadas uma versão de *Feelin' Kinda Hadley* – a música tema de *A casa de Hadley* – que Hadley achou hilário), a próxima missão de Hadley seria encontrar o falso amor.

O problema era que George não tinha nenhum traço marcante – fora o sorriso extraordinariamente convencido. E estava escuro demais na boate para tentar enxergar isso. Quase todos os meninos tinham cabelos louros com excesso de gel e usavam camisa branca.

– A camisa de George é Comme des Garçons – Hadley murmurou para si mesma, examinando a multidão de meninos louros de camisa branca para ver se podia enxergar o detalhe que não fazia George se destacar totalmente da multidão.

Desesperada, Hadley subiu em uma cadeira – quase enfiando o salto na perna de uma garota, que não gostou nada disso – e espiou por cima da cabeça das pessoas.

Não adiantou nada; continuava não conseguindo enxergar. Hadley segurou cuidadosamente a taça de Martini e subiu na mesa. Muito melhor. Agora conseguia ver George e Candy girando como se estivessem no *So You Think You Can Dance*?

– George! – seu grito estridente não sobressaiu às guitarras que explodiam da cabine do DJ, mas as pessoas sentadas ao redor da mesa sobre a qual se encontrava começaram a reclamar. – Desculpem – sibilou. – Mas preciso encontrar meu namorado.

– Se derramar meu drinque, tem de pagar – rosnou uma menina muito grosseira, que ficou ainda mais grosseira quando Hadley disse a ela que o bar era liberado para celebridades.

– Você é de algum daqueles reality shows abomináveis? – a menina disse, beligerante. – Meu Deus, onde encontram pessoas como você?

Em pé numa mesa não é o melhor lugar para recitar os destaques do currículo, mas Hadley fez o que podia.

A plateia não se impressionou.

– Vai se ferrar.

– Bem, não há motivo para grosseria – começou a dizer, quando sentiu duas mãos na cintura, e foi retirada da mesa e colocada sobre os próprios pés, totalmente sem firmeza. – Como ousa, você, você...

– Você fica em pé sobre mesas em casa? Tenho certeza de que Candy teria mencionado.

Era Reed. O homem que a tinha maltratado com as mãos. Pelo menos o Martini de amora ainda estava intacto. Hadley tomou um gole longo e lento, porque subir em mesas dava sede.

– Perdi meu namorado – informou seriamente a Reed. – Sua irmã sumiu com ele. Mas ele é meu namorado. *Meu.* – Cutucou Reed no peito para ele entender a seriedade da situação.

Em vez disso olhou para onde o dedo dela batia, uma espécie de abdômen duro como pedra, e franziu o rosto.

– Quanto foi que você bebeu, hein?

Hadley terminou o Martini de amora em um gole desafiador.

– Você não manda em mim. *Eu* mando em mim. E essa coisa toda da barba por fazer já era. Morreria, se raspasse?

Reed esfregou o queixo em questão.

– É, talvez.

Hadley cerrou os olhos para ele. Em um mar de camisetas brancas e cabelos louros, ele se destacava como uma espécie de intruso vestido de preto, determinado a não entrar no clima Tiki das coisas.

– É alérgico a creme de barbear? – disse de modo estranho.

– Você realmente não sabe beber – disse Reed, tirando o copo da mão dela. – Pensei que todas vocês, menininhas de Los Angeles, estivessem na reabilitação antes dos catorze anos. Você é muito superficial.

Hadley queria pensar que era muito digna em seu suposto estado de bebedeira.

– Nunca toquei em álcool quando era mais nova. Teria acabado com meu desenvolvimento físico.

E *déjà ewwwwww*! Porque a menção ao desenvolvimento físico fez com que Reed lembrasse que tinha uma reputação de pegador conquistada a duras penas, e ele passou os olhos de cílios espessos por ela. Obviamente lhe faltava algo – essencialmente no departamento dos peitos – pois ele virou quando alguém o tocou levemente no ombro.

Alguém com cabelos despenteados, membros desengonçados e maçãs do rosto protuberantes – obviamente se tratava de uma modelo bem-sucedida.

– Reed – disse a menina com um inglês de sotaque pesado. – Este lugar é uma porcaria. Quero ir agora.

Ele acariciou as bochechas da menina com as costas dos dedos, mas ela fez beicinho furiosamente e deu um passo para trás.

– Agora. Vamos agora – repetiu enfaticamente.

– Vai ficar bem sozinha? – Reed perguntou desconfiado a Hadley. – Devo procurar alguém?

– Quem encontraria? – perguntou, mas ele já estava de costas.

– Mais tarde – ele falou por cima do ombro, deixando-a à procura de George. Quando o encontrou, passou o braço em volta dele e empurrou Candy com a cintura, bem a tempo de um fotógrafo perdido por ali tirar a foto deles.

# Capítulo oito

Hadley olhou para a primeira página do *The Daily World* com satisfação espantosa. Lá estava ela, sobre a mesa no Tiki Club, com a manchete *Boa Menina Má*. Tudo bem, poderia dormir sem as comparações com Paris Hilton no artigo, mas estava com as pernas lindas e todos sabem que não existe publicidade ruim.

Até compensava o fato de já ter vomitado duas vezes naquela manhã e estar com uma dor de cabeça latejante, mesmo depois de ter esfregado óleo de lavanda nas têmporas.

– Laura, veja, estou na primeira página! – Hadley exclamou animada, mas Laura simplesmente se jogou no sofá e resmungou desinteressada.

– Não posso acreditar que Irina esteja em Milão – gruniu em tom vingativo. – Que cachorra. Vou sair, quer Paracetamol?

Hadley balançou a cabeça.

– Não acredito em drogas – disse cerimoniosamente. – Estou me livrando da dor de cabeça pela força do pensamento positivo.

– Estaria melhor com uma Diet Coke e alguma fritura muito gordurosa – aconselhou Laura, levantando e tirando a franja dos olhos. – Hummm, eu mesma poderia devorar um sanduíche de bacon. Seus vômitos me deixaram acordada durante horas.

– É, se for vomitar, que seja em silêncio – Candy disse da entrada. – Você estava bêbada ontem e quase me jogou de um lado para o outro da pista de dança. Estou coberta de machucados.

Candy apontou para uma marquinha vermelha minúscula que queria utilizar como prova, e Hadley tentou parecer adequadamente arrependida.

– Desculpe, Candy, mas estava sentindo falta de George e dominada por, sei lá, emoção...

– ...e todos aqueles drinques nojentos que tomou – Candy concluiu secamente. – Reed disse que você estava tagarelando a respeito da barba dele, alergias e mais um monte de coisas que ele não conseguiu acompanhar.

Lembrar-se da presença de Reed projetou uma sombra escura sobre Hadley. Mas por apenas um segundo, até olhar novamente para o jornal.

– Estou na primeira página – ganiu alegremente. – Vou ligar para George e descobrir para onde vamos hoje à noite. Preciso maximizar meu espaço nas colunas enquanto posso.

Mas, quando ligou para George, ele não estava a fim de maximizar o espaço de Hadley nas colunas, mesmo quando ela destacou que ele também se beneficiaria de um pouco de espaço.

Em seguida falou:

– Somos amigos, não somos, Hadders? Tipo, mais ou menos.

– Precisa de dinheiro emprestado? – perguntou a ele, estampando desconfiança em cada palavra.

– O quê? Não! – George ficava muito mal-humorado pela manhã. – Só acho que seria bom passar um tempo nas casas um do outro. Assistir filmes e comer pipoca com baixo teor de carboidratos e sem gordura. Como se fôssemos amigos de fato.

– Mas por que quereríamos fazer isso? – Hadley estava genuinamente espantada. – Não sermos amigos de fato é toda a base da nossa interação.

– Sei disso. – George parecia um pouco aflito emocionalmente. – Mas é como se tivéssemos uma história compartilhada ou coisa do tipo e também como se mais ninguém neste país abandonado tivesse passado a infância em um set de gravação. Quando digo a eles que minha voz falhou no meio de uma gravação de *A casa de Hadley*, olham para mim como se fosse um louco.

– Lembro disso. – Hadley riu. – Foi muito engraçado. "Mas Hadley, o xerife nunca vai acreditar na gente se contarmos que o diretor é na realidade um ex-nazista criminoso de guerra". Você começou a frase em soprano e acabou em barítono. Meu Deus, minha mãe ficou irritadíssima com você.

– Que bom que reviver meu trauma de adolescência é divertido para você – George disse secamente. Seu desconforto parecia quase profundo, e Hadley sentiu que não tinha opção senão concordar com as exigências insanas dele.

– Claro que podemos socializar como amigos de fato. Será divertidíssimo. Venha no domingo à tarde.

O domingo não havia começado bem. Laura tinha ido para casa, onde morava antes. E apesar de as novas habilidades de Hadley em utilizar o micro ondas estarem indo muito bem, ela ainda precisava de supervisão quando fazia mingau. Irina estava perdida após uma noite com as amigas russas, todas com nomes como Nadja e Katja e uma expressão facial – um olhar vazio e intimidante – que todas compartilhavam.

Candy se recusou a ajudar.

– Você tem dezoito anos e até onde sei não é completamente deficiente mental – resmungou quando Hadley acordou. – Faça sua própria porcaria de mingau.

Isso foi bem fácil falar, principalmente porque, meia hora depois, Hadley a viu no telefone com Conceptua, a empregada dos Careless, recebendo instruções passo a passo sobre como fazer café na cafeteira. Para que isso, quando havia uma Starbucks bem na esquina?

Nem um banho demorado era a mesma coisa sem Laura batendo na porta e ameaçando fazer coisas impronunciáveis a Hadley com uma esponja se ela não "saísse de lá em cinco minutos".

Mas a pior coisa foi George tocando a campainha. Dez minutos antes da hora, o que foi grosseiro, mesmo com ele trazendo a pipoca com baixo teor carboidratos e sem gordura que havia mencionado antes (Hadley verificou a parte de trás da caixa só para ter certeza) e o box de DVDs da primeira temporada do programa dele (como se ela fosse querer assistir *àquilo*). Foi um grande esforço para Hadley agir como se estivesse feliz com a presença dele na sua casa.

Tipo, ele já havia estado na mansão de Malibu para uma festa de elenco cuidadosamente armada que fora aproveitada como um *Em casa com as estrelas.* Tinha visto a escada de mármore italiano importado e a piscina em forma de coração. Também o pegou espiando em seu quarto, então, além disso, vira a cama de princesa. Tipo, *literalmente* uma cama de princesa – vinha direto de um palácio francês.

Agora ele estava avaliando cuidadosamente o sofá bege, com as manchas de bronzeamento artificial que não tinham secado direito. A mesinha de centro rangendo sob o peso de pilhas de revistas de moda e os pequenos quartos e janelas que não abriam, com suas vistas charmosas de telhados cobertos de fuligem e árvores anêmicas e desfolhadas. Aquilo estava distante um milhão de quilômetros de Malibu.

George abriu a boca e Hadley esperou pelo comentário maldoso que ele já tinha pronto, mas ele simplesmente acenou com a cabeça.

– Legal. Parece o apartamento de *Friends.*

– É, bem, se fosse da metade do tamanho e a sala fosse pintada de roxo – Hadley disse incrédula, então uma coisa muito importante ocorreu a ela. – Sabe, sempre achei que a mulher que faz a Phoebe foi escalada jovem demais para a idade que tinha.

– Eu sei! – George colocou a mão no peito e eles tiveram uma conexão, um momento especial, que durou o mesmo tempo que levava para aplicar uma máscara de limpeza facial e se encolher no sofá para assistir episódios de *Notting Hillbillies.* Era um programa muito confuso sobre uma porção de jovens ricos ("aqui são chamados de riquinhos, Hadders, você precisa saber essas coisas") que faziam muito sexo e fumavam muitas drogas ilegais, até onde alguém podia perceber.

– E quem é ele mesmo? Ele está saindo com aquela mulher mais velha, ou ela é mãe dele? – perguntou a George, enquanto tentava discretamente tirar um pedaço de pipoca dos molares de trás. Podia ser sem gordura e com baixo teor de carboidratos, mas deixava um gosto desagradável que nem todo o chá gelado do mundo conseguia tirar.

– Já disse. Ela é tia postiça, mas estão tendo um caso, e agora ele descobriu que na realidade ela é sua meia-irmã – explicou George, o que só deixou Hadley ainda mais confusa. – Deixe para lá. Estou prestes a entrar. Lá estou eu. Estou na cozinha, olhando em volta, expressão de choque e "Yo, preciso de dez pratas". O que achou da minha interpretação, Hadders? Acho que não entrei exatamente no ponto, mas meu sotaque britânico está ótimo, não?

Hadley reprimiu um bocejo.

– Soa exatamente como a rainha.

Ouviu-se o som de uma chave na fechadura e ela levantou os olhos ansiosa. Estava salva. Finalmente.

Candy entrou pela porta da frente, seguida por uma gangue. Estava fazendo uma participação especial na MTV do Reino Unido, e parecia ter trazido metade da plateia.

– Ah, Hadders, você está em casa. – Candy não soou muito feliz, mas depois deu de ombros e sorriu. – Estou dando uma festa, e estão todos convidados. Até você!

Hadley decidiu deixar a piadinha passar sem retrucar nada. Pelo menos havia tirado a máscara e aplicado a maquiagem de ficar em casa. Além disso, as calças de casimira mista e o casaco combinando eram de um nível bem superior aos conjuntos de nylon que Irina preferia.

George acenou afeminado para Candy e, graças a Deus, desligou o DVD.

– Olá, linda. O que há de novo e diferente?

– Minha pessoa preferida no mundo! – exclamou Candy, correndo para abraçá-lo. – Pessoal, este é o George, meu novo melhor amigo, e esta é Hadley. Ela mora aqui.

"Pessoal" eram quatro meninos de jeans pretos apertados e tênis All Star pretos. Necessitavam desesperadamente de cores primárias. Havia também duas meninas japonesas pequenas com roupas de bolinha combinando, e no fim da fila estava Reed, com o braço em volta de uma menina de cabelos despenteados e membros compridos, completamente diferente da menina de cabelos despenteados e membros compridos da outra noite.

– Quem é? – George sussurrou ao ouvido dela. – Pois acho que acabo de me apaixonar.

Hadley definitivamente preferia George quando ele agia como seu namorado de faz de conta, e não como seu novo melhor amigo.

– Reed – murmurou. – Meio-irmão de Candy, e só sai com modelos.

– Pode me fazer de modelo na hora que quiser – suspirou George. Hadley não podia suportar mais um segundo.

– Preciso conversar com Candy – disse, batendo com o joelho no ombro dele ao se levantar do sofá.

Candy estava na cozinha com dois dos meninos de cabelos desgrenhados, que a olhavam com adoração enquanto preparava drinques no liquidificador que Laura normalmente usava para fazer milk-shakes de chocolate. Hadley torceu para que, pelo bem de Candy, a generosidade com a tequila não enferrujasse a lâmina.

Candy levantou o olhar e sorriu vagamente, como se mal pudesse se lembrar de quem era Hadley.

– Ah, oi, quer uma margarita? E sabe como se usa o liquidificador?

Candy podia insultá-la. E criticá-la a cada hora, mas isto era demais.

– Eu *pareço* saber usar um liquidificador?

Até as pessoas da turma de Candy balançavam a cabeça e murmuravam não.

– Tudo bem, não precisa se estressar, eu ligo para Laura.

Laura não estava, então Candy foi forçada a ligar para Conceptua pela segunda vez no dia e conduzir uma conversa em português precário.

Hadley voltou para a sala, onde George conversava ansioso com Reed, como se fossem melhores amigos desde a infância, enquanto a menina de cabelos despenteados e membros compridos sentava no colo de Reed e brincava com o colarinho da camisa dele.

– Na realidade, achei os primeiros filmes do Araki sombrios demais, mas adorei *Mistérios da carne.* Tão poderoso! – disse George. – Mas desde que vim para Londres, tenho curtido Mike Leigh e Ken Loach, cineastas bem crus.

Reed não podia estar acreditando nessa baboseira. Hadley o examinou sob os próprios cílios, mas ele estava inclinado para a frente e parecendo mais animado do que jamais o vira. Contudo, considerando que só sabia ser chato quando ela estava por perto, isso não queria dizer muita coisa.

– Acho que existe uma verdadeira necessidade para um novo *cinema vérité*. – Reed, de repente, olhou para ela com um sorriso perverso, o que a deixou muito desconfortável. Será que estava com restos de pipoca no cabelo? – Não concorda, Hadley?

Hadley piscou. Os três, mesmo a menina desengonçada, a olhavam com expectativa. Esperaram e esperaram. Ela não teria se surpreendido se voassem algumas salsoláceas pela sala.

– *Cinema vérité* é alguma nova corrente de cinemas ou coisa parecida?

– Uh! Uh! – George puxou uma alavanca imaginária. – Essa foi a deixa do trem deixando a estação. Hadley é estritamente uma garota Disney, não é?

Hadley não ia ter um faniquito. Não na frente de Reed, que já a via como uma rainha do baile de formatura ambiciosa demais, bêbada e mostradora de pernas. Além disso, Candy já tinha o monopólio dos faniquitos melodramáticos. Melhor bancar a boba e se vingar de George em um próximo encontro.

– Temos que amar um filme que é divertido para toda a família – disse docilmente, cultivando o sorriso no rosto tão sem graça quanto uma salada verde sem molho.

E, de repente, Hadley deve ter se tornado invisível, porque George se inclinou sobre ela e começou novamente a conversa com Reed, como se estivessem fazendo um especial de *The Actor's Studio*.

– Hadders, vai querer uma margarita ou não? – Candy perguntou da cozinha, e apesar de Hadley já ter decidido que beber em boates era bom se ajudasse na carreira, beber em casa parecia errado. Tipo o primeiro passo na estrada escorregadia que levava a uma entrada na reabilitação.

–...mas você não adora o jeito como ele enquadra as filmagens de modo que cada uma pareça uma obra de arte...

Por outro lado...

– Quero, por favor – respondeu. – Grande.

E não foi tão ruim, porque a tequila funcionava melhor do que champanhe em suavizar os problemas e as ninharias que cutucavam o cérebro de Hadley. Após duas margaritas, estava alegremente abrigada entre as duas japonesas que não falavam uma palavra de americano, mas eram grandes fãs. *Feelin' Kinda Hadley* soava muito estranha em japonês, mas era a intenção que valia.

Laura entrou furiosa durante o segundo verso, resmungou alguma coisa e desapareceu para o quarto, batendo a porta atrás de si com tanta força que as paredes tremeram, mas a essa hora Hadley não sentia mais dor.

Talvez fosse porque Candy estava no maior amasso com dois dos meninos, tipo, ao mesmo tempo, o que lhe traria grande arrependimento no dia seguinte, se o olhar gélido de Reed fosse algum indicador. Ou talvez fosse porque um dos companheiros de banda tivesse se infiltrado no karaokê para poder segurar a mão de Hadley e dizer que ela era a referência pela qual ele media todas as outras meninas.

– Me apaixonei por você pela primeira vez aos cinco anos – falou no ouvido dela. – Você era tão bonitinha com aquele espaço entre os dentes e as sardas. O que aconteceu com suas sardas, Hadley?

Tudo bem, talvez essa parte não tenha sido tão divertida.

– Nunca tive sardas – declarou, com a mão no coração. – Elas eram desenhadas pelo meu maquiador.

A cabeça dele se aproximou enquanto olhava fixamente para o rosto dela, procurando sardas, apesar de Hadley estar mais preocupada com a possibilidade de ele perceber o leve retoque no nariz.

– Não estou vendo nenhuma – anunciou pesaroso e Hadley sorriu, segura de que os segredos cosméticos estavam salvos. – Mas talvez eu devesse ter certeza extra, extra, extra.

Em um segundo ele se aproximou para ver o que havia sob o bronzeado artificial – tão perto que Hadley podia ver diversos poros implorando por uma boa exfoliação; no outro, os lábios dele estavam sobre os dela.

Ficaram ali por alguns segundos e Hadley esperou até que alguém a dirigisse. "Incline a cabeça levemente para a direita e tire o cabelo do rosto", mas não havia ninguém por trás das câmeras. Não havia câmera nenhuma. Apenas alguns risinhos abafados e um agudo "meu Deus, quanto ela bebeu?" de Candy.

E bem quando Hadley estava prestes a se afastar, porque ainda tinha um copo quase cheio de margarita, sentiu a mão dele apertar-lhe a nuca e a boca pesar sobre a dela.

Beijar era algo seriamente superestimado. Podia pegar bem em filmes, mas era uma questão de iluminação e edição. Na realidade, era alguém tentando comer sua boca ao mesmo tempo em que lhe dava torcicolo. Então o menino resolveu acrescentar a língua e bateu com ela contra os lábios cerrados de Hadley.

Ela se afastou dele e passou as costas da mão na boca.

– Eeeca! – cuspiu. – Que falta de higiene!

Hadley tomou um longo gole de margarita para se livrar da cobertura gordurosa nos lábios. O que ele tinha comido?

– Acabei de beijar Hadley Harlow! – anunciou o menino pela sala; em seguida, deu um soco no ar, como se tivesse acabado de marcar o gol da vitória.

George estava vermelho de alegria, rindo sem parar.

– Você é a única pessoa que conheço que beija e parece estar sendo coberta por larvas ao mesmo tempo – disse a Hadley enquanto ela se inclinava cuidadosamente para trás. Havia grande possibilidade de ele começar a verter líquidos pelo nariz.

– George, você não se importa que alguém beije sua namorada? – perguntou Reed, deitando-se de volta na poltrona com aquela idiota no colo.

– É, cara, ela acabou de te trair. *Na tua frente!* – Candy gesticulou descontroladamente com o copo e derrubou margarita no tapete.

George se recuperou em tempo recorde.

– Sua... sua rameira. – Sacudiu um dedo em tom de reprovação para Hadley, que já se arrependia dos últimos cinco minutos.

O menino que a beijara estava mais interessado em receber tapinhas nas costas dos companheiros de banda do que em proteger sua honra. Além disso, Reed podia parar de sorrir de propósito em breve.

– Você beija muito melhor do que ele, George – acalentou-o, tomando o resto da bebida. – Sabe que é o único menino para mim. – Sério, não havia justiça no mundo, porque ela não conseguia arrumar trabalho de atriz e certamente não receberia nenhum prêmio no futuro próximo, mas ainda assim conseguiu obter um "ah" coletivo dos garotos e garotas nos assentos baratos enquanto se aconchegava sob o braço de George e lhe dava um beijo na bochecha.

# Capítulo nove

Apesar de ter sido colocada na cama por George, que até tinha ajudado a tirar a maquiagem e deixou um copo de água e algumas aspirinas do lado, Hadley acordou excessivamente cedo e encontrou o copo semivazio (e não apenas no sentido metafórico) e a boca como o deserto de Mojave.

Por sorte, estava cedo demais para a inevitável dor de cabeça dominá-la. "Que bom", pensou Hadley, ao tropeçar na cama, quase quebrando todos os dedos ao bater na maleta de maquiagem.

Acender a luz do corredor seria um passo avançado demais para suas funções visuais e motoras, então foi apalpando as apredes até a cozinha, apenas para se distrair com o som de choramingos baixos vindos da sala. Mas a necessidade de reidratação não podia ser ignorada. Hadley não tinha escolha senão ceder ao "canto da sereia", mesmo que isso significasse pegar uma caneca do escorredor e enchê-la com água *não filtrada* da pia. Os choramingos diminuíram para um sussurro abafado, e lá estava Laura, curvada sobre o sofá. Quando Hadley surgiu, ela se ajeitou e passou a mão sobre o rosto rapidamente.

Laura ficava linda quando chorava. Realmente não era justo. Hadley não conseguia ficar bonita chorando; todas as suas feições inchavam e uma linha nada atraente se formava entre as sobrancelhas. Mas os lábios carnudos de Laura tremiam e os cílios longos e curvos ficavam ainda maiores e mais curvos, quando lágrimas se penduravam neles.

Claro, ela negou a choradeira, mas Hadley já havia visto filmes adolescentes o bastante para saber que, se recuasse, Laura soltaria o que quer que a afligisse.

Então Hadley soltou um "ah" e inclinou a cabeça, exatamente como seu terapeuta, o dr. Finklestein, fazia, e antes que ela pudesse dizer "fale mais sobre sua infância", ela soltou tudo, exatamente como um episódio particularmente perturbador de *Ugly Betty*. Laura não só estava prestes a ser demitida pela Fierce, mas seu namorado de pernas musculosas a tinha traído. Possivelmente com uma das suas amigas. Ou com a bênção das amigas. Hadley não tinha certeza quanto aos detalhes, considerando que a ressaca estava começando a se fazer presente.

– Se eu tivesse um namorado e ele fizesse isso comigo, eu vazaria alguma história para o *E! News*, dizendo que ele tinha problema com drogas. – Hadley balançou a cabeça, partilhando a indignação até perceber que, tecnicamente falando, ela era uma metade de um casal. – Mas eu *tenho* um namorado – esclareceu para Laura. – George é meu namorado, e sei que ele jamais ficaria com outra garota pelas minhas costas. – O que na realidade não era mentira.

Laura ainda estava falando sobre Tom; as lágrimas, perfeitas e fotogênicas corriam-lhe lentamente pelas bochechas, que eram irritantemente perfeitas, considerando que estava sem maquiagem. Hadley sentiu uma onda turva de enjoo dando murros em seus órgãos internos.

– É, que droga – murmurou, transformando a agonia em um bocejo. – Vou voltar para a cama.

Quando estava na onda de qualquer bebida alcóolica que acabara de ingerir, Hadley se sentia bem. Bem do tipo "o mundo é meu e não há nada nem ninguém que possa me abalar". Mas a manhã seguinte não era tão boa. Sempre se esquecia disso.

De joelhos, sobre os azulejos do banheiro, braços envolvendo a privada, era tão indigno. Era ainda pior quando começava a vomitar; forçava a garganta até ficar vermelha enquanto a boca se enchia de bile ácida e pipoca não digerida para o bis. Pelo menos havia tido a presença de espírito de amarrar o cabelo.

Hadley se levantou e se olhou no espelho. Uma linha de saliva se prendia aos lábios rachados.

– Estou nojenta – lamuriou-se suavemente. A pele ao redor dos olhos, vermelha e ferida, mostrava vasos sanguíneos estourados pelo esforço feito, e o resto da cara estava pálida. A sessão de mimos de ontem tinha, literalmente, corrido pelo ralo.

A porta da frente bateu e Hadley ficou satisfeita em se afastar do próprio reflexo. Pelo menos não estava toda inchada por excesso de choro, como Laura...

Laura, que podia preencher a vaga de primeira melhor amiga de Hadley. Ignorando a dor de cabeça pesada e mais uma onda de náusea, Hadley saiu saltitante do banheiro, fez um rápido desvio de rota até a geladeira e correu pelas escadas atrás da outra.

– Ei, Laura, espere aí! – Hadley abraçou a si própria e então passou os braços em volta de Laura por três segundos.

– Esqueci de desejar boa sorte – engasgou-se. – Às vezes, posso ser tão "o mundo gira ao meu redor".

Laura pareceu um pouco perturbada. Até ganiu levemente, que não era exatamente a reação que Hadley estava buscando.

– Você está gelada – disse Laura. – Volte para dentro.

Melhores amigas cuidam uma da outra. Estava em seu contrato de melhor amiga. Como Summer e Marissa. Buffy e Willow. Betty e Veronica. Hadley e Laura. Hadley puxou duas latas de Diet Coke de trás dela.

– Estão supergeladas – acrescentou em tom de ajuda.

– Certo, tudo bem. – Laura não estava entendendo a coisa toda da amizade. Estava totalmente confusa com a demonstração de amizade de Hadley, que não tinha culpa de não ter dado tempo de pedir uma cesta de fruta, ou providenciar um dia de spa. – Hum, obrigada, bebo quando voltar.

– Não seja tola. Não são para beber. São para colocar nos olhos, e elas reduzirão o inchaço. – Hadley riu. Esquecia que Laura não estava na indústria havia muito tempo. – A pessoa que fazia minha maquiagem em *A casa de Hadley* jurava de pés juntos.

– Isso é fofo, Hadders. – Laura estava retribuindo o abraço. Um abraço de verdade, que espremia o tronco de Hadley de forma alarmante. Tudo o que podia fazer era colocar a mão na boca e afagar as costas de Laura com a outra. – Obrigada. Bem, nos vemos mais tarde.

Finalmente Hadley foi liberada do laço forçado e pôde se apressar de volta pelas escadas para outra sessão com o que Candy chamava de "grande telefone branco". Que ainda não fazia muito sentido.

Hadley se limpou, vestiu-se e rapidamente colocou os pijamas Juicy Couture para poder deitar sob a colcha e rezar para morrer prematuramente. Qualquer coisa para livrá-la daquela que havia se tornado a pior das cinco ressacas.

Foi então que Candy entrou, sem bater, e sentou na cama sem se preocupar com questões de espaço individual ou com os pés de Hadley.

– E aí? – perguntou casualmente. – Aposto que está feliz por ter parado de vomitar?

Hadley encarou Candy com os olhos semiabertos com os quais acordara.

– O que você quer? – perguntou cansada, encolhendo-se para que Candy não pudesse mais sentar nos pés dela.

Candy examinou o esmalte preto gasto.

– Reed disse que devo pedir desculpas a você. Ele parece pensar que fui uma vaca. – Pensou a respeito por um instante, com os lábios contraídos. – E talvez tenha sido, só um pouco, mas você estava tão irritante.

– Não precisa se desculpar – garantiu Hadley, puxando o travesseiro para cima da cabeça. – Pode apenas fingir que pediu, e eu finjo também, e pode fechar a porta quando sair?

A voz podia estar um pouco abafada, mas a mensagem veio em alto e bom som – a não ser que você fosse Candy e tivesse a pele tão grossa quanto uma manada de eleferontes... elefantes... rinoceron...

– Saia de cima de mim! – irritou-se Hadley, porque, de repente, estava com quarenta e nove quilos e meio de uma nova-iorquina de boca suja em cima dela.

– Ah, não se irrite comigo, Hadders – entoou Candy. – Vamos, cadê a Pequena Miss Sunshine que conhecemos e às vezes amamos? Deve estar escondida sob essa colcha.

– Está com enxaqueca...

– Não está com *outra* ressaca, está? Posso preparar um ovo frito, dizem que funciona.

Mesmo quando estava tentando ser amigável, Candy era implacável. Hadley empurrou o travesseiro e se levantou.

– A gordura vai entupir meus poros.

Candy soltou um assovio longo e baixo que penetrou o crânio de Hadley.

– Nossa, você está péssima! – Em seguida riu. – Provavelmente não é a melhor maneira de pedir desculpas, né?

– Você não chegou a pedir desculpas – destacou Hadley, com a base da mão pressionando a testa, pois falar doía. Na realidade, tudo doía, incluindo as costelas, o cabelo e os dedos dos pés. – Você acabou de me dizer um monte de maldades. Não preciso que aja como minha amiga.

Se cerrasse um pouquinho os olhos, era possível achar que Candy parecia ligeiramente machucada, o que não devia passar de um truque da luz.

– Não estou *agindo* como sua amiga. Sou sua amiga, então digo coisas más. Só faço isso com quem gosto, você deveria estar feliz.

– Bem, não estou – Hadley disse abruptamente. – E de qualquer forma, Laura é minha amiga agora.

– É possível ter mais de uma amiga por vez...

– Formamos um laço hoje de manhã. Foi lindo. Ela estava traumatizada, porque o namorado a traiu e... – Hadley colocou as mãos sobre a boca. Não era nenhuma especialista, mas tinha certeza de que amigas não contavam segredos de outras amigas para pessoas muito, muito interessadas, com gostinho de quero mais.

– De qualquer forma, tenho de tomar um banho agora – disse Hadley, saindo da cama e se levantando com a segurança de um potro recém-nascido.

– Espere aí – ganiu Candy, barrando o caminho para a porta. E ainda tinha a ousadia de acusar Hadley de ser irritante? Não era justo. – Conte tudo e não pule etapas.

Candy parecia um lulu-da-pomerânia maldoso que Amber tinha, que vandalizava as Barbies de Hadley com suas mandíbulas da morte. Candy era *exatamente* assim.

Cutucou e manipulou, procurando detalhes, até Hadley se ver gritando todos os fatos sórdidos do relacionamento de Laura através da porta do banheiro, que constituía em evidência circunstancial de que jamais se sustentaria em um tribunal. Não que Laura fosse enxergar assim.

– Mas você não pode falar nada – implorou Hadley quando finalmente saiu do banheiro mordiscando um pedaço seco de torrada de soja e linhaça. – Ela está muito frágil agora, e acho que pode ser demitida da Fierce hoje.

– *Pode* ser? – Candy disse imediatamente, verificando a agenda do Blackberry. – Pode ser não é o bastante.

– Bem, quando chegou a essa parte eu já havia desligado – admitiu Hadley. – O sotaque dela é muito monótono.

– Explica por que tem andado tão chata. Como se estivesse constantemente com alguma coisa incomodando-a – refletiu Candy. – Tudo bem, pare com o falatório agora, tenho algumas ligações a fazer. Vamos sair as três para uma noite na cidade, para provar a amiga fantástica que sou.

Cinco horas depois, uma Laura empregada, mas ainda dispensada pelo namorado, fora arrastada até a limusine reservada por Candy. Realmente estava se empenhando nessa história de amiga. Tinha até convidado Irina, que havia chegado de algum lugar no exterior naquela tarde, e George, que veio com uma pressa inconveniente.

Hadley era uma rosa entre dois espinhos, enfiada entre George e Laura, que estava tirando o papel-alumínio de uma garrafa de champanhe com uma expressão determinada no rosto.

– Vou ficar completamente acabada esta noite – anunciou. – Não volto para casa sem antes ter cometido no mínimo cinco crimes dignos de cadeia.

– Isso aí, docinho – encorajou George, esticando a taça. – Todos nós ficaremos bêbados, para você não se sentir isolada.

– Não vou colocar uma gota de álcool na boca – Hadley anunciou hipocritamente, consciente da garganta dolorida e das cinco camadas de base cobrindo os excessos da noite anterior. – Vou tentar curtir a onda da vida.

– Você *precisa* ficar bêbada – insistiu Candy, brandindo outra garrafa de champanhe como uma arma de guerra. – Não tem graça se não fizermos juntas.

– Não precisa ficar bêbada – garantiu Laura. – Ouça, tome uma taça para brindar minha nova vida como freira, pois nunca mais me aproximo de um menino na vida, e depois você pode mudar para água.

– Tudo beeem, suponho...

Candy cerrou os dentes irritada.

– Não seja tão covarde. Sou o produto de dois iconoclastas do rock. Entendo de ressacas, e o melhor remédio é o pelo do cachorro que te mordeu.

– Não entendi nem o que...

– Apenas tome a porcaria do champanhe – resmungou Candy em tom de ameaça. – E pare de jogar água no chope da Laura.

E ou Candy tinha razão (por favor, meu Deus, não), ou ela era o que Laura chamava de peso pena, pois hoje bastou uma taça de champanhe para Hadley ficar risonha e com os membros leves, agarrada a George na pista de dança da boate mais encardida que já tinha visto, tentando não cair.

– Oh, Hadders, você é uma parceira tão maluca! – George gritou sobre o ronco alto do amplificador de baixo e um cara piando sobre meninas que sempre o abandonavam.

– Eu tenho um desequilíbrio químico que me faz ficar bêbada fácil demais – Hadley disse seriamente. – E preciso ir ao banheiro.

A boate estava cheia de grunges descolados de cinza, jeans apertados, nenhum dos quais parecia já ter sido íntimo de sabão e água. As calças brancas Armani e blusa prateada foram como um ímã para olhares desdenhosos e comentários venenosos enquanto tentava encontrar os outros.

Quando Hadley sentiu alguém cutucá-la no ombro, girou, pronta para sorrir alegremente com indiferença, e viu uma Irina entediada atrás dela. Em se tratando de Irina, ela não fez nenhum esforço para apresentar a Hadley o menino com pele cor de azeitona e maçãs do rosto sérias que segurava a mão dela.

– Vamos, essa boate é um saco.

– É mesmo, irmã – Hadley disse pesarosa. – Por que está de mãos dadas com um menino? Não achei que fizesse isso.

– Não sou irmã – Irina acenou suavemente em direção à saída. – Não estou de mãos dadas com ninguém, você está imaginando. Está bêbada.

# CAPÍTULO DEZ

Hadley acordou e tentou sentar, até perceber que já estava sentada, quer dizer, jogada na poltrona, enrolada em um cobertor.

O relógio no aparelho de DVD informava que eram quatro e dezessete da manhã, mas não tinha lembrança de ter chegado em casa, ou da razão pela qual não fora levada para a própria cama. Só se lembrava de estar dançando em um pódio com duas meninas que disseram ter participado do último *Big Brother*.

– Está acordada? Como está se sentindo?

A voz soava vagamente familiar. Hadley conseguia enxergar uma sombra disforme no sofá, que, de repente, se alongou e se esticou, acendendo um dos abajures laterais, de modo que pôde ver que era Reed que estava no sofá.

– Você estava acabada – disse quando ela passou os dedos pelos cabelos, que faziam uma bela imitação de um novelo de lã.

Hadley tinha uma vaga lembrança de alguém forçando uma garrafa de Evian à sua boca.

– Bem, estou mais ou menos sóbria. Na realidade, ainda um pouco bêbada. Talvez um pouco pesada – resolveu afinal. – Por que não estou na cama?

Reed sentou e esfregou os olhos. Uma vantagem das eternas roupas pretas e da barba por fazer era que ele sempre parecia o mesmo. O padrão de alguém descolado.

– Seu amigo George está lá, e, de qualquer forma, achei que seria melhor ficar na cadeira. Engasgar com o próprio vômito é tão anos 80, sabe?

– George está na minha cama? Eeeca!

Reed pareceu ligeiramente confuso.

– Mas ele é seu namorado.

O que não era motivo para ele estar na cama dela.

– Estou me guardando para o casamento – Hadley engasgou indignada, porque *estava*... apesar de seu casamento não incluir George de nenhuma maneira, forma ou circunstância. Reed parecia não estar acreditando, mas uma nova crise se formava. – Meu Deus, ainda estou de maquiagem? – Hadley tirou a coberta e momentaneamente se distraiu com as listras negras de sujeira da boate na calça que um dia foi branca. Marcas encardidas que nem mesmo a melhor lavanderia de Londres poderia resolver. Mas havia uma catástrofe ainda maior que precisava ser evitada. – Preciso do banheiro. Estou *sentindo* meus poros entupindo.

O fato de que não podia suportar mais um segundo o sorriso sarcástico de Reed não tinha nada a ver com isso.

Havia alguém dormindo na banheira embaixo de uma pilha de toalhas, mas mal se mexeu, apenas resmungou, quando Hadley acendeu a luz e começou a passar limpador Eve Lom no rosto.

Lavou-o e hidratou-o longamente, e ainda não tinha ouvido a porta da frente fechar atrás de Reed, quando foi forçada a admitir que não podia ficar enrolando no banheiro, olhando para o próprio reflexo borrado e imaginando por que o cabelo havia tido uma briga com o pente em algum ponto indeterminado da noite. Além disso, ela pagava aluguel; tinha todo o direito de ficar na sala.

Parecia um bom plano. Estava pronta a colocá-lo em ação, mas ao fechar novamente a porta, Reed estava bem ali, segurando uma caneca de algo com cheiro de néctar de flores.

– Fiz chocolate quente – disse altivamente, como se o tivesse caçado, carregado por cima da cabeça, e arrastado por oito quilômetros através de terras congeladas. – Volte para a sala antes que acorde todo mundo.

– Mas eu nunca tomo choc...

– Cale a boca – Reed sugeriu amavelmente. Ela definitivamente não ia tolerar esse tratamento, não senhor, mas Reed já estava com os dedos em volta do pulso dela, e seus pés simplesmente o seguiram pelo corredor.

O chocolate quente estava gostoso, mesmo que Hadley pudesse senti-lo indo diretamente para a barriga e se transformando logo em acúmulo de gordura. Tomou pequenos goles e deu uma olhada para Reed sob os cílios.

Ele estava olhando fixamente para ela, sem piscar, até seu olhar desviar. Era tarde demais para esse tipo de jogo mental.

– Tem alguma coisa que quer me dizer ou devemos simplesmente continuar com esse silêncio desconfortável? – perguntou secamente. Reed inclinou a cabeça como se quisesse parabenizá-la ou algo do tipo por falar sem rodeios.

– Você é bem festeira, não é? – ele disse, com as mãos sob o queixo. – É a primeira vez que a vejo mais ou menos sóbria.

Isso era injusto. Ela vivia sóbria, tipo noventa e sete por cento do tempo.

– Você me viu quatro vezes na vida, então acho que seus dados podem estar um pouco incorretos – disse a ele amargamente. – Tomei minha primeira bebida alcoólica há um mês.

– E caramba, como está compensando o tempo perdido. – Reed deu mais um daqueles sorrisos que não chegavam aos olhos. – Candy não precisa ficar perto da sua personalidade viciada.

Hadley quase cuspiu o chocolate quente com a agressividade da declaração.

– Não *tenho* uma personalidade viciada, e hoje não teria bebido nada se Candy não tivesse me forçado a tomar o champanhe. Ela é muito dominante em situações sociais, você sabe. Na realidade, em todas as situações.

– Ela é totalmente mimada – Reed corrigiu. Ele ficava tão bonito quando sorria direito que Hadley queria tirar uma fotografia mental para olhar mais tarde. – Mas ela é *minha* menina mimada e eu levo minhas obrigações de irmão mais velho a sério. Ela passou por coisas difíceis em Nova York e não precisa ser arrastada para esse seu estilo de vida tóxico.

Onde começar? Candy tinha passado por reabilitação? Quem se importava com Candy? – Ele tinha acabado de criticar a *ela*?!

– Não tenho um estilo de vida tóxico! – Hadley sibilou furiosamente. – Sim, eu saio muito e talvez às vezes beba um pouco demais, mas é, tipo, uma estratégia de carreira cuidadosamente pensada.

Reed riu, o que fez sua beleza derreter como se nunca tivesse existido. O que era uma coisa boa, porque Hadley estava começando a odiá-lo seriamente. Não *odiar*, porque essa era uma emoção feia, negativa; mas definitivamente começava a desgostar seriamente dele e da sua coleção de sorrisos e camisas e calças pretas. Podia ser mais *poser*?

– Ah, só por ter suas fotos nos jornais enquanto tropeça em boates com o vestido levantado, vai fazer diretores de elenco implorarem para que faça testes para eles?

– Não faço testes... – O rosto de Reed escureceu apenas para informar a Hadley que ela estava desviando do assunto. Deveria estar ocupada defendendo seu direito de existência no mesmo planeta que Reed e a irmã dele. – Tudo bem, sei que você me acha superficial porque eu penteio o cabelo e coisas do tipo, mas eu realmente me importo com as coisas. E sim, uma das coisas com que me importo é voltar a ser famosa, e você não tem nada a ver com a maneira como escolho fazer isso. Então não se meta, mocinho!

– Penteia o cabelo? – repetiu Reed. – O que isso tem a ver com alguma coisa?

– Todas aquelas garotas andam com você com os cabelos despenteados porque pensam que são boas demais para usar silicone no cabelo – Hadley explicou em uma onda furiosa. – E antes que comece a me recriminar, você só pega modelos, então não venha com sermões e julgamentos porque não vai funcionar. Você alguma vez já saiu com alguém que trabalhe em um Burger King?

– Esqueça a bebida, você obviamente só pode estar usando drogas – entoou Reed, sentando-se novamente no sofá como se estivesse prestes a assistir a um filme.

– Era Cristal. E não, eu não tomo drogas, muito obrigada. Apenas responda à pergunta! Já saiu com alguém de uma indústria de serviços? Já?

Reed suspirou, porque não tinha resposta e sabia.

– Não.

– A-ha! – Hadley entoou triunfante. – É o que quero dizer.

– *O que* quer dizer? Porque tenho certeza de que caí na toca do coelho há mais ou menos dez minutos.

– Que você só sair com modelos é muito mais vazio e superficial do que eu fazer o que posso para relançar minha carreira.

– Eu saio com modelos. Grande coisa. – Reed deu de ombros. – São lindas e eu gosto de olhar para coisas lindas. Além disso, elas sabem como funciona.

– Como funciona o quê? – ecoou Hadley, tentando ignorar a sensação no estômago ao ver a expressão de Reed quando pensava em meninas bonitas.

– A questão do compromisso – Reed disse vagamente, gesticulando com a mão como se isso explicasse melhor. Então a voz dele se tornou mais ríspida. – Mas não estamos falando de mim. Estamos falando de você e da sua procura autodestrutiva por fama e fortuna. Você realmente está vivendo o clichê, não está?

Ah, Hadley não via uma expressão de desdém havia uma semana. E, surpresa? Não sentia a menor falta.

– Então eu quero ser famosa de novo? Não há nada de errado nisso. – Hadley repousou a xícara com força desnecessária e cruzou os braços. Urgh! Nem mesmo Amber com suas garras de fora poderia deixá-la tão irritada.

– Por que você quer ser famosa outra vez? – perguntou Reed como se ela tivesse acabado de lhe entregar 250 libras e pago por uma sessão de terapia. – Por que não estuda, viaja, ou trabalha com órfãos em Ruanda? Por que precisa ser famosa? Não há nada de errado com a obscuridade.

O que era muito bom, e talvez Reed devesse tentar essa teoria com os atores e atrizes com fome de fama que tentavam papéis na porcaria do filme dele.

– Ouça, já fui famosa e já fui obscura e, acredite em mim, ser famosa é muito melhor. – Hadley colocou as pernas debaixo do corpo e se inclinou para a frente, porque isso não era futilidade, era a sua vida. Talvez não tivesse tido voz ativa na questão de ser uma celebridade global no começo, mas agora estava pronta para jurar sua aliança em alto e bom som para quem quisesse ouvir. E, nesse momento, a pessoa era Reed. – Tipo, se você é famoso e todo mundo sabe o seu nome, então você é real, você existe. Você significa alguma coisa para as pessoas. – Sua voz tremia com a dor que lhe afligia o peito. Hadley pôs a cabeça nas mãos para que não tivesse que ver a expressão de desdém que Reed provavelmente usava nessa ocasião em particular. – Quero sentir isso de novo, sem precisar ter doze anos.

Houve um silêncio mortal. Hadley podia ouvir Reed se mexendo no sofá e desejou que ele soltasse uma de suas frases sarcásticas para que não tivesse de ficar ouvindo mentalmente e sem parar o próprio discurso de campanha.

– Acho que você tem uma imagem muito idealizada da fama – Reed disse afinal. – Sim, você não tem mais doze anos, mas essa coisa de garota selvagem vai se voltar contra você. O estrelismo global não acontece da noite para o dia. Leva tempo.

– Não tenho tempo – Hadley disse secamente. – Tenho dezoito anos. Se chegar aos vinte, serei apenas mais uma modelo/atriz/o que quer que seja. Los Angeles está cheia delas. Tenho de fazer a transição de estrela mirim para a jovem elite de Hollywood no próximo ano, ou não acontecerá mais.

– Então o que está fazendo em Londres? Ah. Peixe grande, lago pequeno, certo? – Reed não parecia mais estar provocando. Mas era tarde e o abajur projetava sombras nas faces de ambos, o que era muito intimista. O tipo de hora da madrugada em que você compartilha seus segredos com alguém que mal conhece e espera que ele não se lembre quando amanhecer.

– Só preciso de um lance de sorte – Hadley disse para si mesma. – Não pode ser tão difícil.

– É muito – argumentou Reed, espalhando-se no sofá. Parecia amarrotado agora, não tão Senhor Sombrio e Agourento. –

Tipo, tentar conseguir verba para o filme está se tornando meu próprio nono círculo, entende?

Círculos? Hadley estava pronta para incentivá-lo quando pensou melhor.

– Perguntaria a respeito, mas você acharia que eu estava tentando me vender para um papel.

– É, provavelmente acharia – admitiu Reed com uma risada engasgada. – Fica para a próxima. Meu Deus, detesto essa hora da manhã, quando você tem a sensação de ser a única pessoa acordada do mundo.

– As pessoas estão acordadas no Japão e na Austrália, e talvez na África – destacou Hadley, encolhendo-se ainda mais no cobertor porque o frio estava aumentando. Estava difícil manter os olhos abertos e a mente concentrada. – Gosto de ficar bêbada. Meu cérebro simplesmente se fecha e paro de me preocupar com as coisas por algumas horas.

– Precisa diminuir, *muito*. E precisa melhorar seu plano de carreira, porque o que está fazendo agora? Não está ajudando em nada, confie em mim. – E o estranho foi que, naquele momento, confiou. Sob a atitude e a mania de modelos, Reed era um cara legal.

Ele se levantou e esticou os ombros.

– Preciso ir. – Olhou para o relógio. – Tenho uma reunião no café da manhã em três horas.

– Então vou para o sofá – decidiu Hadley. – Apesar de que, por direito, eu deveria chutar George para fora de minha cama e fazê-lo dormir aqui.

Parecia esforço demais, quando o sofá estava logo ali, então ela se arrastou quente e caiu na marca calorosa que Reed havia deixado nas almofadas do sofá.

Reed era apenas o contorno de uma sombra, pegando a carteira e o telefone da mesa, e colocando-os nos bolsos. Hadley estava quase dormindo quando sentiu a pressão morna dos lábios dele na testa. Por um segundo achou que estivesse sonhando, até ouvir Reed murmurar no seu ouvido:

– Até que você é um ser humano razoável. Quem poderia imaginar?

Mas estava sonhando, porque, quando abriu os olhos, encontrava-se sozinha, sem nada além dos ruídos vindos da rua para lhe servir de companhia.

# Capítulo onze

Hadley não parou de beber só por causa do *tête-à-tête* da madrugada com Reed, apesar de ela realmente o odiar quando ele a julgava tanto. Era mais por não querer ser apenas uma nota de pé de página no livro *Quem são as celebridades?*, como a estrela mirim que virou alcoólatra. Além disso, as ressacas estavam deixando sua pele muito seca.

Ajudava o fato de que as outras meninas eram, tipo, exemplos do benefício do trabalho duro. Candy e Irina não paravam de acumular milhas com trabalhos de modelo em locações longínquas, o que também significava que não estavam em volta para obrigá-la a beber. E Laura tinha com uma nova ética profissional, que essencialmente significava que ela comia muito mingau de aveia e se livrava das gorduras de infância através de ioga, e trabalhava *de graça*. Era bonitinho e tal a maneira como se alegrava em trabalhar por dinheiro nenhum, mas em termos de plano de carreira era um exercício notável em como não fazer as coisas.

George não ficou feliz quando ela passou a beber suco de limão e água com gás.

– Você era mais divertida quando vivia bêbada – reclamou amargamente, só porque Hadley estava sentada em uma boate de Londres, completamente sóbria. Com certeza havia mais boates em Londres do que em qualquer outro lugar do planeta. – Era menos obcecada com seus planos de dominar o mundo.

Hadley simplesmente sorriu no que esperava ser uma forma enigmática e disse a ele para beijá-la e agir como se fosse sincero, porque tinha acabado de ver um fotógrafo atrás de uma instalação de luz bizarra.

Mas obviamente o comportamento de Hadley o estava afetando.

– Se eu saio do seu lado um minuto, você fica com essa expressão irritada.

– Que expressão irritada? – Hadley fez beicinho e George apontou o dedo para o rosto dela, que estava se beneficiando de seus novos hábitos saudáveis. Bem, isso e uma recente máscara de beleza.

– Essa expressão! Eu estava com meu amigo Benji e você chega como um furacão e me manda voltar para a mesa.

Benji era um asiático de uma *boy band* que George tinha de cumprimentar porque ele estava em todas as festas que iam.

– Ele vive espreitando – disse Hadley, enrolando um tufo de cabelo recém-pintado no dedo. – Acha que é um psicopata?

Havia um assistente de direção em *A casa de Hadley* que tinha tanto medo de Amber que começava a se coçar toda vez que ela o cercava exigindo mudanças no script ou reformulações nas cenas de Hadley. Nem sabia dizer por que, de repente, se lembrou dele, exceto que George estava coçando o peito do mesmo jeito.

– Você fala cada besteira, às vezes – disse, descartando-a, mas a expressão em torno da boca era como um leve traço de sangue na água. O que fazia de Hadley o tubarão.

– Ele é seu namorado? – perguntou calmamente, olhando sobre o ombro para Benji, que conversava animado com um garota que vestia uma saia da última coleção de Chloe. Se ele fosse doze centímetros mais alto, seria um garanhão absoluto. Benji olhou na direção deles, viu o olhar de Hadley, e derrubou sua bebida. Ela se voltou de novo para George, que estava mexendo no colarinho. – Então, é? Tipo, você nunca fala sobre ser gay nem nada.

– Ah, meu Deus, cala a droga dessa boca! – sussurrou venenosamente. – Eu não sou... por que está trazendo esse assunto? Você podia até ser extremamente irritante, mas nunca foi vagabunda, Hadley.

– Entendo do assunto gay. Meu cabelereiro, Derek, e meu estilista são gays, mas preciso saber que você não vai fazer nada para prejudicar nosso acordo. – George não parecia pouco convencido. – E não sou nem nunca fui va-ga-bun-da. – acrescentou Hadley. – É um dos motivos pelos quais recusei um papel em *Meninas malvadas*. Bem, isso e o fato de que queriam que eu fosse coadjuvante de Lindsay Lohan e...

– Hadley, eu não sou gay, e Benji também não. Não somos gays juntos. Quer dizer, não somos juntos...

Havia séculos não fazia George fazer malabarismos, e era vingança por causa de cada comentário maldoso dele nos últimos dois meses. Contanto que ninguém descobrisse, Hadley não se importava se ele ficasse de beijinhos com todos os bonitinhos de Londres. Mas que graça teria dizer isso para ele?

– Ceeerto – disse incrédula.

– Sério, Hadley, não pode dizer coisas desse tipo. Se o empresário de Benji descobrisse... nem namoradas eles podem ter. – Ele cerrou os olhos quando, aleluia!, a luz o iluminou. – Ah, entendo, é uma tentativa charmosa de me chantagear. Vá em frente, desembuche.

Chantagem era uma palavra tão feia. E tão mentirosa. Mas... eram tempos de desespero e tudo mais.

– Uma participação no seu programa seria uma ótima maneira de ajudar sua amada e fiel namorada – disse lentamente, porque às vezes George precisava de ajuda extra com palavras longas.

– Nem pensar – disse, com a expressão passando de horrorizada para apavorada, e voltando para horrorizada. – *Qualquer coisa*, menos isso. Ei, podemos até dizer que estamos ficando noivos! Você gostaria disso, não gostaria? Poderia até arranjar oito páginas na *OK*.

Oito páginas na *OK* eram peixe pequeno comparado a uma aparição na televisão em horário nobre.

– Talvez eu devesse chamar Benji até aqui, para conhecê-lo melhor – disse Hadley, já levantando a mão para acenar.

Não entendeu como George conseguiu se mover tão depressa ao puxar sua mão para baixo, com força suficiente para quebrar um osso.

– Posso tentar alguma figuração sem fala – rendeu-se a contragosto.

– Nã-não, Georgy. – Hadley soltou gentilmente os dedos dele de seu pulso. – Quero um papel participativo, com fala e no mínimo dez minutos de duração, e crédito de participação especial nos títulos.

– Não é decisão minha, mas posso levá-la para se encontrar com o diretor de elenco – George respondeu furioso, apertando novamente as mãos dela e sacudindo-as com força.

Ficar sóbria era o máximo.

– Ofereço ajuda em troca de um favorzinho. – Hadley deixou a voz romper na última palavra e deixou o lábio oscilar para constar. Não era hora de exagerar. – Engraçado, porque achei que estávamos ficando amigos.

– *Somos* amigos, Hadders.

Hadley deu de ombros timidamente.

– Que seja. Vou retocar a maquiagem.

Levantou-se e olhou em volta impotente.

– Agora, para que lado é o banheiro? Talvez devesse pedir ajuda a alguém. Como é mesmo o nome do seu amigo?

– Você é inacreditável, Hadley – engasgou-se George. Ainda recorria ao melodrama quando a repressão seria muito mais eficiente. – Tudo bem, te coloco no programa. Com sorte, farão com que fique desfigurada em algum acidente horrível.

– Obrigada, amor – entoou Hadley, acariciando a bochecha de George. Ele se encolheu para longe como se ela tivesse passado ácido nas luvas antes. – Você é um ótimo amigo.

***

Apesar das recriminações de George, e até das lágrimas que em determinado momento rolaram, os produtores de *Notting Hillbillies* ficaram muito satisfeitos em receber Hadley no programa.

Foi esse o termo que usaram, *muito satisfeitos*, do tipo "ficaríamos muito satisfeitos em ter uma estrela do calibre de Hadley no programa, e temos ótimas ideias que demonstrarão suas habilidades como atriz".

Hadley leu o e-mail impresso que Derek havia colocado diante dela com um sorriso sereno.

– Sabe o que não entendo? – perguntou.

Derek balançou a cabeça, com um sorriso relaxado no rosto, porque ela não estava em cima dele pela primeira vez. Ele era muito bonito; se George não fosse não gay oficialmente, Hadley armaria um encontro entre os dois.

– Não faço ideia.

– O que não entendo é que arrumei um papel em um programa de televisão aclamado pela crítica no espaço de uma conversa de cinco minutos, e você trabalha para mim há dois meses e não conseguiu rigorosamente nada. É um verdadeiro mistério.

Isso tirou o sorriso do rosto dele com grande rapidez.

– Vim até você inúmeras vezes com projetos, e você recusou todos. Chegou a um ponto, Hadley, em que se não envolver um diretor indicado ao Oscar, nem perco tempo mencionando.

– Tipo o quê? Alguns bicos de apresentadora; um anúncio para uma rede de *fast-food* que só tem filiais em Midlands. Não sei nem o que é Midlands! – Hadley cutucou o e-mail. – Mesmo isso é um retrocesso, mas você falhou em relançar minha carreira com seu fracasso em executar seu trabalho.

Se precisasse, ela demitiria Derek. De preferência antes de filmar *Notting Hillbillies* para não precisar pagar nenhuma comissão à Fierce em troca de nada. Mas não podia ir para outra agência sem nada no currículo nos últimos dois meses. Era um dilema.

– Estamos andando em círculos – suspirou Derek. – Para ser honesto, Hadley, as pessoas não estão muito interessadas em você como talento mais maduro. Todos a amavam quando era uma garotinha inocente, mas agora é diferente. Estão vendo estas manchetes de jornal, todos leram sobre o problema com seu pai e ficam desconfiados. A não ser que consiga provar que existe mais em você do que o que já sabem, não há o que fazer.

Hadley soltou um resmungo de pura frustração.

– Como posso provar isso quando não arrumo trabalho nenhum? Entende meu apuro, Derek? Tem um mínimo de compreensão em relação ao que quero dizer? – Hadley pegou a garrafa de Evian com a mão trêmula. Precisava seriamente de reidratação; toda essa reclamação a deixara muito esgotada.

Derek parecia partilhar sua dor. Afundou-se no assento, e todo o seu comportamento exalava desânimo.

– Recebi uma bela oferta, mas não vou nem mostrar, porque seus gritos de rejeição vão perfurar meus tímpanos.

Hadley cerrou os olhos. Sua voz era sempre calma e excessivamente bem modulada, graças ao treinador e à oratória. Jamais seria tão exigente.

– Tente – desafiou.

– É para a marca líder de papel higiênico da Austrália – começou cautelosamente, antes de perceber a confusão de Hadley. – Hum, lenços higiênicos? – falou, tentando despistar, antes que ela pudesse levantar as mãos indignada e recusar em um tom audível somente a morcegos. – Eles têm muito dinheiro. A oferta inicial foi de 100 mil libras. Vão levá-la a Sydney de primeira classe, e você ficará em um ótimo hotel.

– São quase 200 mil dólares – observou Hadley. Derek obviamente interpretou a proeza em converter os valores como interesse, pois colocou mais um papel na frente dela.

– Aqui está o script.

– Minha carreira não é a única coisa que está indo pelo ralo – Hadley leu incrédula. – Mas com o papel Quilty-Lux, pelo menos alguns dos meus problemas podem ser limpos...

– Obviamente trata-se apenas de um primeiro rascunho – Derek interrompeu apressadamente. – Tenho certeza de que poderíamos sugerir algumas mudanças...

– Ah, não. Um mundo de nãos. Não há dinheiro o bastante no mundo que me fizesse... me *prostituir* em um anúncio de papel higiênico. Nem posso acreditar que considerou uma opção viável.

– Por que não pensa a respeito? – Mas Derek já estava suspirando aliviado quando Hadley empurrou a cadeira e pegou a bolsa Louis Vuitton.

– Não há no que pensar! – irritou-se Hadley. – Como se eu quisesse que o mundo inteiro soubesse que tenho funções corporais? Acho que não!

# Capítulo doze

Entrar em um set de gravação com salas feitas de madeira compensada, cabos enrolados como cobras dormindo em todas as superfícies disponíveis e luzes quentes o suficiente para derreter a maquiagem, tudo isso fez parecer como que os últimos cinco anos nunca tivessem acontecido.

Hadley não tinha percebido o quanto sentia falta disso: ver as mudanças de roupa cuidadosamente etiquetadas; socializar à mesa de arte e mesmo a leitura coletiva exaustiva, em que todos tentavam conseguir mais falas.

Quando Hadley estava recebendo a deixa para a primeira cena, já havia lamentado com Wendy a cirurgia de quadril da avó e elogiado Mike, o mensageiro, pela bela escolha dos novos sapatos. Pois se havia uma lição que tinha aprendido com os anos na indústria é que era preciso ser simpática com os empregados mais humildes. Eram eles que vazavam histórias para os tabloides, prejudicavam a iluminação e colocavam açúcar refinado no café com leite descafeinado.

– Silêncio no set! – gritou o diretor. – Primeiro ato, cena quatro, ação!

Hadley abriu cuidadosamente a porta, lembrando-se do que Mike havia dito sobre ela demorar um pouquinho, e entrou no que parecia a frente de uma mansão, mas na realidade deveria ser um apartamento de um quarto só em Westbourne Grove.

– Tiffany, o que está fazendo aqui? – perguntou o ator que interpretava Tai, seu primo postiço.

Hadley pausou, olhou em volta do cômodo como se o estivesse vendo pela primeira vez, e abaixou a cabeça.

– Fui expulsa! – exclamou pesarosamente. – Tive um pequeno incidente com o filho do diretor, mas juro que foi armação. – Pausou novamente, para deixar uma pequena lágrima correr pelo rosto. – Ele disse que ia me ajudar com uma revisão, mas não me lembro de ter *aquilo* no currículo.

Certamente não era Shakespeare, mas em comparação com as últimas temporadas de *A casa de Hadley*, quando o programa estava começando a decair seriamente, o material era quase digno de um Emmy.

Hadley não sabia onde os poderosos de *Notting Hillbillies* haviam encontrado o elenco (possivelmente em um lixão), mas o fato de que ela foi pontual, lembrou as falas e não errou as marcações pareceu impressionar todo mundo. Exceto George, mas Hadley quebrou um abajur na cabeça dele no último dia, então, foi um bônus. Honestamente, a semana voou.

Estava concluindo a cena final, com a bagagem falsa pronta e esperando na porta, quando viu o diretor da série entrar no set com Derek a tiracolo. Houve uma onda de sussurros de confabulação enquanto limpavam sua testa, e em seguida o diretor, Brendan, disse:

– Podemos fazer um intervalo de cinco minutos? Hadley, querida, uma palavrinha, por favor?

Hadley atravessou cuidadosamente o set através da quarta parede ausente e sobre os cabos das câmeras.

– Desculpe ter aveludado a última fala. Esqueço de pronunciar *rota* rimando com bota e não com, um, botar.

Brendan, um irlandês corpulento com bochechas coradas, colocou o braço em volta dela.

– Sem problemas. Você foi extremamente profissional a semana toda. A maioria dos meus atores mal sabe pronunciar o próprio nome. Conheceu Anjali, não conheceu?

Hadley deu um sorriso amigável para o diretor antes de diminuir a voz por causa de Derek, que ainda estava em sua lista de afazeres sob "Demitir Derek".

– Adoramos o que você fez com o papel – disse Anjali. – Para falar a verdade, Tiffany era para ser uma típica cabeça de vento materialista, mas você deu substância a ela.

– Não foi nada, apenas fiz meu trabalho. Foi muito divertido. – Hadley ajeitou o vestidinho amarelo que não tinha gostado muito de usar. Entrava em conflito com seu, bem, tudo.

– Estávamos pensando em como andava sua agenda nas próximas semanas, pois gostaríamos de ampliar seu contrato até o fim da temporada – disse Anjali. – Mas precisamos de uma decisão agora, porque teríamos de reescrever a última cena e só temos mais uma hora de filmagem.

Derek assentia ansiosamente, com a boca aberta para começar a concordar, mas Hadley colocou o braço em volta da cintura dele a tempo de dar um beliscão de alerta para fazê-lo se calar.

– Minha agenda está um pouco cheia – disse com pesar. – Tenho de estar em Sydney no fim da semana que vem. Para uma campanha publicitária muito lucrativa – acrescentou em tom conspiratório.

– Se o problema for dinheiro, tenho certeza de que podemos entrar em um acordo – disse Anjali. Sério, a mulher não sabia bancar a difícil.

Hadley inclinou a cabeça como se estivesse imersa em pensamento.

– Por que eu e Derek não achamos um canto para analisarmos meu itinerário e vermos se podemos nos acertar? – sugeriu. – E eu precisaria de um espaço para crédito de convidada especial na abertura.

# Capítulo treze

Era muito estranho pensar no quanto a vida de Hadley havia mudado nas últimas semanas. Ainda havia um longo caminho a percorrer antes de voltar ao topo. Mas tinha obtido sucesso na negociação dos degraus inferiores, e agora o mundo estava a seus pés e agora sua estrela estava voltando a brilhar.

A Operação Estrela definitivamente havia avançado da maneira mais inesperada. Porque agora havia um buchicho sobre Hadley; um buchicho que rapidamente estava se tornando um rugido ensurdecedor.

Inicialmente, tinha ficado feliz da vida apenas por voltar a ter uma folha de escalação e uma razão para acordar que não tinha nada a ver com o objetivo de chegar ao nível onze na esteira elíptica. Mas agora não tinha somente uma folha de escalação, mas um itinerário.

Começou com algumas sessões de foto para revistas de moda, e não para tabloides de fofoca. Depois disso, uma entrevista com um suplemento de estilo de um jornal de domingo e uma participação em um *talk show* em horário nobre sexta-feira. E depois

Derek passou a ser inundado com ligações de todos os agentes de elenco em Londres que queriam saber como estava a agenda dela depois que encerrasse o contrato com com o *Notting Hillbillies.*

Mas só depois que a BBC America começou a transmitir sua série atual e o *E! Tonight* filmou uma entrevista para um segmento de última hora sobre estrelas de Hollywood que moravam em Londres que os agentes de Los Angeles começaram a querer saber quando Hadley iria voltar. Sua volta triunfante para casa foi marcada para a semana após o fim das filmagens do último episódio.

– Estou marcando reuniões com CAA, PMK, NBC, CBS e CW. Tantas iniciais – riu para Manda, sua vizinha na telinha, enquanto sentava retocando a maquiagem para o último dia de filmagens. – E claro que minha mãe vai induzir o parto enquanto eu estiver lá, então terei dois bebezinhos para visitar. Já estou na fila de espera para dois *slings* da marca Hermés para bebês.

– Parece tão glamoroso – murmurou Manda, mantendo os lábios imóveis enquanto lhe aplicavam uma camada de brilho labial. – Tenho uma semana em Ibiza com minha irmã caçula e talvez uma aparição em alguma porcaria de *quiz* na TV, mas é só.

– Ah, você devia ir para Los Angeles. Comeriam seu sotaque com uma colher. – Hadley levantou uma perna para que Wendy pudesse aplicar outra camada de brilho corporal nas panturrilhas. – Tem de continuar insistindo e finalmente as pessoas vão notar.

Manda se inclinou para perto.

– Pode ser. Então, ouviu a notícia de George?

Pela postura relaxada, ninguém teria imaginado que a simples menção ao nome de George fizesse os músculos da barriga de Hadley contraírem. A versão oficial era que ainda estavam saindo, mas mantendo as coisas calmas enquanto trabalhavam juntos. Ele era como a própria nuvem de chuva de Hadley, seu rosto sombrio prometendo uma frente fria cada vez que olhava para ela, o que não acontecia com frequência.

– Ah, não tivemos chance de sair nos últimos dias – Hadley disse alegremente. Se ele tivesse arrumado outra namorada falsa, iria processá-lo por quebra de contrato.

– Dizem que ele teve uma reunião com Spielberg sobre seu novo filme – sibilou Manda. – Mas é segredo absoluto.

– É, todos os caras com menos de vinte e cinco anos e registros de ator foram ver Spielberg para falar sobre seu novo filme – Hadley disse antes que pudesse se conter. – Estou muito feliz por ele. Tenho certeza de que poderemos conversar melhor na festa de encerramento.

Não tinha nenhuma intenção de conversar com George na festa de encerramento, ou em qualquer outro lugar, diga-se de passagem. Porque a outra grande mudança no navio *Hadley* era que agora tinha amigos de verdade. Amigos que *gostavam* dela por ela – não porque eram contratualmente obrigados. Quando Hadley conseguia uma vaga na agenda, saía com o elenco de *Notting Hillbillies*, que se encantavam com cada palavra dela enquanto curtiam em sua boate preferida no Soho, tão exclusiva que era preciso uma senha para digitar na entrada. Claro, não estava bebendo nada alcoólico e sempre ia embora às dez para poder decorar as falas para o dia seguinte – mas o trabalho vinha em primeiro lugar sempre.

Agora só precisava se livrar do único defeito em seu horizonte, George.

– Podemos continuar amigos – Hadley disse a ele na limusine a caminho da festa de encerramento do *Notting Hillbillies*. – Já consigo entrar em boates legais e ter minha foto tirada por meus próprios méritos, mas foi divertido, não foi? Mais ou menos.

George contraiu os lábios de forma petulante.

– Estava apenas cumprindo ordens! – irritou-se. – E acho que não precisa mais de mim para garantir seu papel na próxima temporada.

Não havia tempo para suavizar.

– Ah, mas, ei, não vou fazer outra temporada. Já estarei de volta a Los Angeles, me querem em um piloto da equipe que fez *Santa Monica Boulevard*...

E em vez de ficar feliz por ela, como um amigo de verdade o faria, George deu de ombros como se seu corpo tivesse sido imerso em água infestada por piranhas.

– Como? – sibilou. – Estou há três anos no programa e só o que me ofereceram foi uma vaga no *Dancing With Stars*.

Hadley pausou a leitura na mensagem de Manda no Sidekick, desejando que chegassem logo à festa.

– Bem, não tenho culpa de ter qualidades de uma estrela, George. Não é um interruptor que posso ligar e desligar. – Tudo bem, não foi uma afirmação com muito tato. – Ouça, podemos manter o arranjo por mais tempo, e se você conseguir voltar a trabalhar em Hollywood *novamente*, posso arrumar alguns encontros com algumas pessoas. E nem como favor, pois realmente quero ajudá-lo.

A vingança era tão doce e tinha, tipo, zero caloria.

– Vá se ferrar, Hadley! – irritou-se George, saltando da limusine e quase rasgando a manga do casaco Helmut Lang na pressa de sair. Isso fez com que Hadley se lembrasse do motivo pelo qual jamais havia gostado dele. Não devia nada a George, e já estava na hora de ele perceber isso.

Mas primeiro tinha de encarar um batalhão de fotógrafos ao deslizar pelo tapete vermelho com um vestido prateado que um estilista em início de carreira, que vinha se destacando muito, desenhou exclusivamente para ela. Assim que entrou na festa, em uma velha estação de bombeiros transformada para a noite, seu assessor colocou uma taça de champanhe na sua mão.

– Oi, Merv, essa camisa foi passada? – Hadley perguntou em tom de brincadeira.

Mervyn olhou para a frente branca.

– Nova, na realidade. – Ele olhou para a taça na mão dela. – Não sabia se estava bebendo ou não?

Hadley levantou a taça e pensou seriamente no conteúdo antes de tomar um gole.

– Bem, não tenho de acordar cedo amanhã e isso *é* uma celebração. Mas só vou tomar essa.

– Então o que quer fazer a respeito do belo George? – perguntou Mervyn. Hadley apreciou a maneira pela qual ele foi direto ao ponto. Se ao menos Derek pudesse ser tão direto. – Vale a pena mantê-lo, caso os rumores envolvendo Spielberg se confirmem?

– Você acha? – Hadley revirou os olhos. – Ele não é exatamente material para o *Actors Studio*.

Mervyn não parecia se importar, fosse qual fosse a situação.

– A escolha é sua, princesa.

– Ele tem ciúme do meu carisma – Hadley confessou com o canto da boca. – As pessoas me amam; é quem eu sou. Quem sempre fui.

– Amamos mesmo – disse uma voz ao seu ouvido e então Lorne, que interpretava Tai no programa, estava passando os braços em torno dela, o que não a incomodava, pois ele sempre cheirava bem e malhava bastante. Hadley afagou um dos bíceps proeminentes.

– Então o que quer que eu faça? – Mervyn perguntou novamente. – Ou *você* quer fazer?

– Dar um pé na bunda de George? Pessoalmente? – Hadley estremeceu de pensar. – Até parece! É para isso que te pago. E certifique-se com o assessor dele de que eu receba o bônus do mês passado pelas cinco primeiras páginas.

Mervyn tocou a testa, gesto que Hadley imaginou ser uma saudação irônica ou coisa do tipo, mas Lorne já a puxava para a cabine VIP e, mesmo que *estivesse com* uma camisa nova, jamais permitiriam que Mervyn ultrapassasse a corda de veludo.

***

Uma taça de champanhe se transformou em três garrafas, compradas no cartão de crédito de Hadley, para brindes que se tornaram mais absurdos na medida em que a noite avançava.

– À Vi da cantina, por fazer o melhor chá! – alguém gritou, e Hadley levantou a taça obedientemente.

– À Fiona da assessoria, por arrumar aparelhos de MP3 para todos nós – acrescentou Kiran. Hadley fez beicinho. Ela não recebeu um MP3 grátis.

– Por que não está participando do brinde? – perguntou o menino sentado ao lado dela, e Hadley começou uma justificativa indignada quando percebeu que sua taça estava vazia.

– Estou sem champanhe – anunciou de forma fúnebre, virando a taça e tomando a última gota solitária que pingou lentamente na ponta da língua.

– Isso não pode acontecer – ele disse, estalando os dedos para um garçom que passava. – Mais champanhe para a minha amiga linda aqui, por favor.

Duas garrafas de Cristal apareceram na mesa no tempo em que as apresentações foram feitas.

– Sou a Hadley.

– Eu sei. Sou seu fã e me chamo Alain – disse, entregando a taça que o garçom acabara de servir. – Estou há uma hora tentando reunir coragem para falar com você.

Alain era lindo. Lindo de arrasar corações, morrer, fazer o coração parar. Os cabelos curtos ressaltavam um par de maçãs do rosto tão pontudas que poderiam atuar como um cabide de casacos; olhos grandes como os de Bambi da mesma cor de um expresso triplo da Starbucks com uma pontinha de meio a meio. E a pinta logo abaixo do nariz elegante, que existia apenas para sinalizar o caminho para uma boca tão beijável que ele poderia ganhar uma fortuna com comerciais de protetor labial.

O impulso de babar era quase poderoso demais, mas Hadley se contentou com um leve tremor na espinha.

– Sou tão assustadora assim?

– Mulheres lindas são *sempre* assustadoras – Alain declarou enfaticamente. Amber havia alertado sobre meninos assim.

– Podem ter lábia e ser bonitos, querida – dizia. – Mas descasque cada um e descobrirá que há um degenerado sem coração por baixo.

Mas Amber não estava tão perto de Alain a ponto de suas coxas se esfregarem. Hadley sentia coisas das quais sequer imaginava que seu corpo fosse capaz. Sensações femininas e piegas que faziam sua pele coçar.

De algum jeito, conseguiu invocar um sorriso descolado. Interessada, sim, mas não *tão* interessada assim.

– Então, o que você faz quando não está praticando falas para puxar conversa? – provocou.

Os cílios de Alain desceram e, sinceramente, era injusto um menino ter o tipo de cílios que ela só obtinha após três camadas de Diva Mascara.

– Ah, sou produtor. Estou trabalhando em um filme *cool, indie.*

Tlim! Foi como se tivesse posto dinheiro em um caça-níquel, puxado a alavanca e visto as peças se alinharem de modo que cada uma mostrasse um pote de ouro. A deixa para a cacofonia de moedas. Hadley havia tirado a sorte grande.

Esqueça programas pilotos de TV. Ela podia ser *cool*! E *indie*! E em um filme *cool* e *indie*! Sem a ajuda de um certo Reed, que havia sumido desde a sessão confessionário daquela manhã.

– Diga mais – pediu convidativamente e Alain foi incrivelmente obediente, contando a ela sobre esse filme que seria absolutamente perfeito para uma menina de dezoito anos ingênua com sotaque americano e "pernas que iam até as axilas".

Foi um pouco difícil prestar atenção. O champanhe estava fazendo com que se sentisse sonolenta, e quando mais gente se acumulou na sala VIP e se reuniu em torno da mesa deles, Alain puxou Hadley para o colo, o que a distraía ainda mais, entre se esforçar em parecer tão leve quanto uma pluma (o que quer que isso significasse) e se inclinar contra a parede musculosa que era o peito dele. Esta era, tipo, a melhor noite de todos os tempos.

– Está dormindo no meu ombro? – Alain quis saber quando as luzes da casa se acenderam e Hadley resmungou em protesto.

– Champanhe normalmente me debilita – resmungou, pressionando o rosto contra o ombro dele, acordada o bastante para torcer para que não estivesse sujando a camiseta dele de hidratante com cor da MAC. – Acho que tenho trabalhado demais.

– Bem, deixe-me levá-la para casa antes que se transforme em abóbora. – Alain tirou Hadley do colo gentilmente e em seguida a levantou sobre os próprios pés.

– Ei, Hadders, vamos para uma boate *after-hours*, caso esteja interessada – disse Manda, mas Hadley acenou fracamente.

– Estou exausta – resmungou. – Preciso dormir.

Um coro generalizado de "Onde está George?" soou, enquanto Hadley caía sobre Alain. Os braços dele não eram apenas esteticamente perfeitos; estavam realizando um ótimo trabalho de mantê-la em pé.

George apareceu, como o gênio mais mal-humorado a ser liberado de uma lâmpada.

– Pensei que não estivesse bebendo – demandou beligerante, quando Hadley cambaleou nas apresentações "Alain, George. George, Alain. O cabelo dele é melhor que o seu".

– Vou levar Hadley para casa. – Alain parecia estar desafiando George a discutir. – Tudo bem, parceiro?

– Assim me poupa de ter de segurar o cabelo dela enquanto vomita – disse George com indiferença. – A propósito, Hadley, você está um lixo.

Houve engasgos chocados, mas Hadley simplesmente sacudiu o dedo para George enquanto Alain a levava para a saída.

– Tipo, que seja – tropeçou nas palavras. – Pedi a Merv para te dispensar há horas, então foi você que levou o pé na bunda. Está claro, George?

– O que você viu naquele perdedor? – perguntou Alain, enquanto praticamente a carregava pelas escadas. As pernas de Hadley não estavam colaborando. Ela quase caiu quando a combinação do ar frio da noite e os estalos dos flashes das câmeras a registraram.

– Não vi nada nele – sibilou Hadley, revendo o último olhar venenoso no rosto de George. – Não tem a menor lealdade, e é, tipo, duzentos e cinquenta por cento gay.

# Capítulo catorze

Acordar não foi uma das melhores ideias de Hadley. Abrir os olhos veio em segundo lugar. O teto não parecia seu teto. Seu teto não tinha uma mancha de mofo com o mesmo formato do logotipo da The Coffee Bean and Tea Leaf.

A última coisa de que se lembrava era de ter tido uma colisão com a calçada quando tentou entrar em um táxi. Com certeza havia ralado os joelhos, pois recordava-se de ter olhado para baixo e visto riachos de sangue correndo pelo bronzeado. Os joelhos latejaram naquele instante apenas como um lembrete, e quando Hadley levantou o lençol encardido (tipo, eeeca!), fez a pior das descobertas.

Estava nua! Completamente nua na cama de alguém!

– Ai, droga! – resmungou em voz alta e colocou as mãos sobre a boca. Se estava *nua* na cama de alguém, então onde estava o alguém em cuja cama se encontrava? Parecia um dos trava-línguas que o treinador de oratória havia passado para ela corrigir a pronúncia do s.

Alain. O que ela fizera? Mais importante, o que ele fizera com ela? Porque ela não teria feito nada, de jeito nenhum. Estava se guardando para o homem com o qual se casasse. Ou para o Orlando Bloom. De preferência estava se guardando para a noite de núpcias com Orlando Bloom. Não teria "apagado" porque havia bebido demais e dado para um menino bonitinho porque ele tinha um abdômen do tipo tanquinho.

Mas, apesar dos joelhos, não havia nenhuma outra pontada ou dores em lugares onde Hadley não queria pensar. Apenas um sentimento profundo e vazio na cabeça que não fazia parte da rotina normal de ressaca.

Hadley se enrolou cautelosamente na colcha e se levantou da cama. O vestido prateado e a roupa íntima estavam jogados no chão de madeira. Ela estava prestes a mergulhar neles quando a porta se abriu e Alain entrou.

Foi um alívio ele ainda ser bonito esta manhã. Bonito e tímido, ao esfregar o queixo e olhar fixamente para baixo.

– Sobre ontem à noite... – começou, mas Hadley levantou a mão, em tom de súplica.

– Não diga mais nada – implorou. – Eu nunca...

– E não fez – Alan a interrompeu. – Não fizemos nada. Coloquei uma coisa na sua bebida para trazê-la aqui.

– Você fez o quê? – Hadley estava chocada. – Hã? Você me estuprou?

O olhar de fúria no rosto dele era bastante irônico, considerando que tinha acabado de admitir tê-la drogado, sequestrado e tirado suas roupas.

– Já disse, nada aconteceu. Não foi pessoal. Só precisava do dinheiro.

Agarrando a colcha, Hadley puxou o próprio cabelo com a outra mão.

– O que você fez comigo?

– Ouça, direi coisas boas a seu respeito. Não vou fazer com que pareça uma vagabunda ou coisa do tipo. Só vou falar que ficamos e que você me enlouqueceu. – As palavras simplesmente saíram da boca linda dele em uma onda vertiginosa, como se ele estivesse ansioso em despejá-las. – Sinto muito, mas, ei, você está na indústria há tempo suficiente para saber como funciona.

Hadley o encarou incrédula. Nada fazia o menor sentido. Não o tipo de sentido que queria que fizesse.

Deve ter ficado um tempo ali, abrindo e fechando a boca sem conseguir expelir nada que se parecesse com uma palavra.

– Diga alguma coisa – Alain falou afinal, quando não suportava mais o silêncio. – Pode me chamar de cretino, se quiser. Eu mereço.

– Foi George quem armou isso? – Hadley mal reconheceu a própria voz.

– Tenho um amigo que tem um amigo no *Daily News*; deu a dica de onde você estaria.

– Então você não é diretor de cinema? – Hadley perguntou trêmula, apesar de, na realidade, este ser o menor dos seus problemas.

Alain balançou a cabeça.

– Temo que não. Seria melhor que você fosse agora, mas acho que há alguns fotógrafos lá fora.

Hadley foi até a janela e colocou os dedos entre as venezianas. Havia alguns fotógrafos pela rua e também algumas prostitutas de aparência bem vulgar.

– Onde estou?

– Ah, moro em cima de uma casa de apostas em Hackney – explicou Alain. E de algum jeito, apesar de parecer impossível, tudo piorou.

Engate o cérebro e comece a pensar, Hadley. Virou-se e encarou Alain com seu olhar mais assustador. O que fazia Derek tremer, e até mesmo Amber se preocupar com os modos.

– Eu tenho dinheiro. Posso dar dinheiro para você – disse decidida. – O que quer que paguem, ofereço o dobro, mas terá de assinar uma declaração dizendo que vai me deixar em paz, e se quebrar, eu processo. Processo seu amigo. Processo...

A longa lista de pessoas que iria processar, incluindo os avós de Alain, o senhorio e o padre que o batizou – e obviamente fez um péssimo trabalho, pois a ele faltavam valores cristãos – foi interrompida.

– Ai, cara – resmungou Alain. – Teria sido ótimo, mas já dei as fotos para o meu amigo. Tirei na máquina digital, e mandei por e-mail.

– TEM FOTOS?! Você tirou fotos minhas? – Hadley fechou os olhos e ficou imaginando se seu coração acelerado ia explodir dentro do peito. – Eu estava nua?

– Quero realmente que vá agora – Alain insistiu fracamente. – Pegue suas roupas e saia.

– Eu estava nua? – Por que não podia ficar irritada, em vez de falar com a voz tola e infantil que não parecia incutir o medo de Deus em Alain?

– Foi de bom gosto – admitiu Alain. – É um jornal familiar, então apareceram, tipo, seus peitos, mas podem colocar pontos pretos nos mamilos.

– Vire-se de costas para que eu possa me vestir – Hadley exigiu furiosa. Sem chance de deixá-lo olhar para ela novamente. Lançou adagas geladas de ódio entre as omoplatas de Alain enquanto se vestia. – Qual é o endereço daqui?

– Por que quer saber?

– Dê o endereço e não contarei para a polícia que me drogou com uma substância ilegal – esclareceu Hadley.

Alain deu o endereço, mas ela teve de fazer com que repetisse duas vezes, pois seu cérebro ainda não estava funcionando com clareza. Por sorte tinha o telefone de Mervyn na memória do celular.

– Agora me dê um pouco de privacidade! – irritou-se ao retirar o Sidekick da bolsa.

Houve vezes, muitas vezes, em que Hadley imaginava por que exatamente pagava 3 mil libras por mês a Mervyn – principalmente quando ele não estava utilizando nem um centavo do dinheiro em um bom serviço de lavanderia.

Mas não tinha mais em quem pensar. Ele ouviu a explicação e disse com firmeza: – Saia de perto da porcaria da janela, sente-se quieta, chego aí em trinta minutos.

Chegou em vinte e três, esmurrando a porta e passando irritado por Alain.

– Nenhuma palavra, cara – resmungou. – Dê a câmera agora.

Alain entregou a Sony sem protestar. Hadley nunca tinha notado, mas Mervyn compensava a falta de altura com ombros largos, punhos fortes e um nariz que parecia ter sido quebrado pelo menos três vezes.

Merv brincou com a câmera, em seguida derrubou-a no chão com um barulho satisfatório.

– Certo, eu e minha cliente precisamos de um pouco de privacidade, então vá para outro lugar. Não ligue para ninguém, não fale com ninguém, sem desvios de rota, ou teremos problemas.

– Ouça, você tem... – iniciou Alain, e se arrependeu imediatamente quando Mervyn o empurrou contra a parede e, tipo, invadiu seu espaço.

– Que parte de "não fale" está te confundindo, parceiro?

Alain saiu pela porta, de costas, como se quisesse ficar de olho em Mervyn e seus punhos. Hadley finalmente se moveu da cama onde estava ajoelhada.

– Isso é ruim – registrou só para constar. – É muito ruim, não é? Pior do que ruim.

– Apenas me diga o que aconteceu – aconselhou Mervyn, puxando uma cadeira frágil, virando-a e sentando.

Era difícil se lembrar do que tinha acontecido na ordem certa, principalmente porque havia partes das quais não se lembrava de nada, e só podia se guiar pela versão de Alain.

– Ele disse o que te deu? GHB? Rohypnol? Tem certeza de que nada aconteceu? Não transaram? Quem viu as fotos? Você viu? Apaguei tudo que estava na câmera, mas tenho de olhar esse computador antes de irmos.

Hadley estava na beira da cama com a cabeça nas mãos quando, graças a Deus, a inquisição de Mervyn acabou.

– Sou tão idiota! – lamuriou-se. – Devia ter percebido que ele era bom demais para ser verdade. Não devia ter tomado champanhe nenhum.

– Deveria, faria, poderia – respondeu Mervyn, inclinando para afagar-lhe o ombro. – Arrume-se, Had. É uma bagunça, sim, mas sou um dos melhores faxineiros na área.

Hadley se permitiu uma leve ponta de esperança.

– Pode conseguir que não publiquem as fotos e, bem, não publiquem nada? Porque poderíamos chamar a polícia e dizer que ele me drogou! E tirou minha roupa. Isso é ataque, não é?

Mervyn balançou a cabeça.

– Há no mínimo dez fotógrafos aí fora. Se chamarmos a polícia, aí é que você aparece em todas as primeiras páginas.

– Existe, sim, publicidade ruim – concordou Hadley. – Não quero meus peitos no jornal. Sei que o vídeo de sexo funcionou para a Paris Hilton, mas ela não foi uma estrela mirim. Isso vai acabar com a minha carreira!

Sua voz estava ficando histérica novamente. Até Mervyn franziu o rosto.

– Veremos se conseguimos um acordo. Você conta a sua versão da história. Teve uma discussão com George, ele a fez se sentir indesejável, então acabou fazendo uma coisa da qual se arrepende. Vou ver se consigo descobrir alguma coisa podre sobre seu amiguinho Alan...

– O nome dele é Alain, e não é meu amigo – Hadley insistiu aos berros, mas Mervyn já estava com o telefone na mão.

– *Daily News*, certo? Uma das meninas da parte de entretenimento me deve um favor.

Foi difícil acompanhar os acontecimentos só pelo lado da conversa de Mervyn, que consistia basicamente em uma série de grunhidos. Os dez minutos que passou no telefone pareceram durar uma eternidade enquanto Hadley tentava ler seu rosto ilegível à procura de pistas.

Finalmente, Mervyn desligou.

– Certo, pegue suas coisas e vamos sair daqui.

– Mas o quê...

– Seria bom se saíssemos nos próximos cinco segundos.

Fugir de um bando de fotógrafos não era nada divertido. Não quando não havia um tapete vermelho ou gritos amigáveis de "Hadley, mostre um pouquinho de perna, querida".

Hadley saiu do apartamento de Alain com o casaco de Mervyn – que cheirava a suor – sobre a cabeça e o braço dele firme em sua cintura para que ele pudesse guiá-la pela parede de flashes, pessoas empurrando, tocando e gritando.

– Então, Hadley, ouvimos dizer que você e George terminaram? O novo cara é só um revide? Pode nos dar uma declaração para a edição de amanhã?

Nada poderia ser tão ruim quanto os jornalistas na porta da mansão de Malibu no dia em que tiveram novamente a posse de

Hadley. Só desgrudaram as câmeras do rosto dela quando a cama de princesa foi colocada no caminhão. Mas isto chegava perto.

Mervyn já telefonara com antecedência após acessar o computador de Alain, e havia um carro esperando na esquina com o motor ligado. Hadley foi forçada a se encolher no chão entre os assentos com o casaco ainda na cabeça, enquanto Mervyn batia a porta e xingava a imprensa.

Foram mais cinco minutos em alta velocidade antes que ele dissesse:

– Acho que os deixamos para trás. Pode sair agora.

Hadley tirou o casaco fedido e respirou fundo.

– Aonde estamos indo?

– Vou deixá-la em um hotel, e depois você vai me entregar sua chave para que eu prepare uma mala.

– Vou para um hotel? Uuuh, pode ser o Sanderson?

– Vamos encontrar uma pessoa em um hotel, e depois você vai desaparecer por uma ou duas semanas. Aquele anúncio de papel higiênico do qual estava reclamando? Pode ser uma boa ligar para o Derek e ver se ainda está valendo – aconselhou Mervyn. Exatamente o que podia afastar sua mente do problema atual.

– Está brincando? Não estou tão desesperada assim. – Hadley sentou no banco de trás e tirou um pouco de areia da canela. Também precisava de mais antisséptico para os joelhos ralados, apesar de já ter esquecido a dor por conta do estresse.

– Por acaso pareço estar brincando? – Mervyn não parecia brincar nem um pouco. Aliás, em uma situação de crise ele soava como alguém no comando, e não-discuta-comigo. – Quando chegar ao hotel ligue para Derek e veja se ele consegue colocá-la em um avião hoje à noite.

Hadley cruzou os braços e olhou fixamente para a nuca de Mervyn.

– Mas, e aí, quem vamos encontrar nesse hotel?

Mervyn voltou-se para ela com um sorriso que deveria ser tranquilizador, mas nem tanto.

– A repórter chefe de *showbusiness* do *Daily News.* Entramos em um acordo. Dê-lhes o que querem, e eles esquecem a história.

# Capítulo quinze

Hadley não conseguia parar de tremer, apesar de o motorista da limusine que a buscou no aeroporto de Sydney já tivesse colocado o aquecedor no máximo. Os acontecimentos do quarto de hotel de Londres iriam garantir que fizesse terapia de força até os oitenta anos. No mínimo.

Havia se vendido por 50 mil libras e se esquecido de todas as coisas importantes como ética, moral e manutenção de disposição o tempo todo. Conforme a mulher de coração de aço do *Daily News* não parava de destacar cada vez que Hadley tentava recuar, qualquer um teria feito o mesmo em sua posição precária. Qualquer um. Candy, Irina, definitivamente, e absolutamente, positivamente, George.

Foi um horror, mas, ao entrar na suíte do Intercontinental e ver a curva suave e fantasmagórica da Sydney Opera House e, as luzes da enseada, ficou um pouco mais leve. Então pensou em Mervyn se despedindo em Heathrow e voltou à realidade.

– Com um pouco de sorte alguém da Família Real morre, ou algum jogador da seleção trai a mulher – disse de forma não muito confortante. – Aposto que a história não sai nem nos jornais de domingo. E pelo menos você ganhou algum dinheiro.

Derek ligou enquanto ela se ajeitava entre lençóis de quatrocentos fios. Havia negociado com o pessoal do papel higiênico para pagarem o dobro do cachê, e tinha marcado uma reunião com o diretor de um novo programa que não queria nem que ela fizesse teste.

– É como uma mistura das séries de TV *The OC* e *24 horas* – explicou Derek, enquanto Hadley arrumava os travesseiros atrás de si para obter o máximo suporte lombar. – Parece que sua estrela finalmente está subindo.

– E já era hora – Hadley murmurou comovida. Fez-se uma breve pausa, então algo lhe ocorreu. – Então, acho que se tudo der certo em Los Angeles na semana que vem, não volto para Londres. Queria agradecêr-lhe por todo o seu empenho.

A voz de Derek soou como se ele estivesse se engasgando com alguma coisa. – Ah, tudo bem. Apenas fazendo o meu trabalho. Imagino que queira que eu encaminhe suas coisas?

– É, e acho que devo ligar para as meninas, ou mandar flores, ou coisa do tipo. – Estivera tão ocupada com o *Notting Hillbillies* e os novos amigos que mal vira ou sequer pensara em suas outrora companheiras de apartamento havia uma eternidades.

– Posso só perguntar por que você se apressou para ir a Sydney assim? – havia um leve tom de desconfiança na voz de Derek que Hadley poderia ter passado sem.

– Eu e o George terminamos – disse apressadamente. – Só precisava colocar, tipo, meio mundo entre nós. Acabou mal, sabe?

Derek estava distraído. Bem, estava emitindo ruídos solidários, pelo menos.

– Isso explica por que tem uma foto sua no jornal desta manhã...

– Como?

– Ah, você saindo de uma boate, bem, na realidade, está espalhada na calçada enquanto um gostosinho tenta levantá-la. Mas gostei das calças.

Calças na realidade significavam calcinha. Isso Hadley sabia.

– Dá para ver minha calcinha? Não vou sentir a menor falta dos tabloides ingleses. São tão, tipo, *do mal*.

Só queria que Derek desligasse nos próximos três segundos, porque era tarde, e eles já haviam acabado. Ele não tinha sido de grande ajuda na Operação Estrela, mas pelo menos fez Tegan buscar suas roupas na lavanderia.

– ...nem sempre concordamos. – Derek continuava falando. – Mas é preciso lhe dar crédito, você é mais determinada do que qualquer celebridade que já conheci. – Isso era verdade. – E na realidade aprendi muito com você. Você seria uma agente e tanto.

Bela maneira de fazer elogios sarcásticos.

– Quando se faz isso há tanto tempo quanto faço, aprende-se alguns truques no caminho – Hadley disse fatigada.

– Derek, preciso dormir. Pedi para me acordarem muito cedo. Conseguiu que eles concordassem com as mudanças de script?

Assim que Hadley encostou a cabeça no linho Pratesi, seus olhos se fecharam. Enormes ondas de exaustão dominavam-lhes os recônditos da mente, mas logo antes de ceder ao impulso, lembrou-se de uma coisa que seu pai sempre dizia, "quem se deita com cachorros, acorda com pulgas".

A filmagem do anúncio de papel higiênico levou a semana inteira. Ou, na realidade, levaram cinco dias para bolar um script que não mencionasse, de forma alguma, para que o papel seria utilizado, ou a trajetória da sua carreira. O anúncio em si levou apenas um dia.

Hadley o passou quase todo empoleirada em uma privada rosa e brilhante na frente de uma tela azul. Escovas de banheiro animadas fazendo sapateados seriam acrescentadas outro dia.

– Às vezes é duro ser estrela – cantou alegremente, balançando as pernas de um lado para o outro. – Aparecer em uma estreia com o mesmo vestido da mãe do diretor, viver em uma dieta de folhas de alface e água quente, ter os pulsos doloridos de tanto assinar autógrafos. Mas pelo menos há algumas coisas na vida que nunca decepcionam.

Em seguida jogou um rolo de Quilty-Lux no ar e o pegou (apesar de isso ter levado mais de um take) antes de dar uma piscadela para a câmera, enquanto esta se movia para o close determinado pelo contrato.

– Quilty-Lux, porque todos merecem um pouco de tratamento de estrelas.

Que *seja*!

Tinha um dia para fazer uma sessão de fotos para uma revista australiana e comprar diversos novos pares de Uggs quando a ligação que temia veio.

– Vai ser no domingo – disse Mervyn, sem preâmbulos. – A não ser que a Posh troque o Beckham pelo Brad Pitt.

Hadley olhou para o intenso azul da Enseada de Sydney onde o mar encontrava o céu. Uma pequena vela branca boiava na água, enquanto ela agarrava um canudo e puxava com força.

– Acha que tem alguma chance de isso acontecer?

Mervyn soltou uma risada curta e aguda.

– Resumindo, não. Não está planejando vir para cá tão cedo, está?

Estava farta de Londres. Londres cheia de vermes, com seus meninos sujos, repórteres encardidos e sushi de péssima qualidade.

– Nunca mais quero pisar no Reino Unido. Tipo, nunca mais. Mal posso esperar para voltar para Los Angeles. Lá faz sol o tempo todo, Merv.

– Mas não se toma uma xícara de chá decente – resmungou Mervyn. – Mas nada como nossa própria casa, certo?

# Capítulo dezesseis

O lounge cinza e industrial de chegada do aeroporto de Los Angeles foi a visão mais bem-vinda da vida de Hadley. Exceto pelo dia em que viu o par de botas pretas mais perfeito do mundo na loja da Prada na Rodeo Drive.

Estava de volta. E dessa vez havia um motorista, oferecido pelo escritório da Fierce de Los Angeles, segurando uma placa com seu nome.

Mesmo os dois fotógrafos que esperavam com indiferença na saída da alfândega qualquer celebridade que passasse ficaram felizes em vê-la.

– Bom tê-la de volta, Hadley! – gritou um deles.

E era bom estar de volta. Bom fazer reuniões em estúdios, com executivos que aparecem na hora. E que a levam para almoçar no Polo Lounge. Isso era importante, porque significava que queriam ser vistos com ela. Tão diferente dos meses que antecederam sua ida, quando não conseguia nem dez minutos com alguma assistente de assistente.

– Você é tão quente, Hadley, que consigo ouvir o chiado quando entra no recinto.

– Estamos pensando em horário nobre, em veículo de estrela, em *spin-off* de filme.

– O gerente VIP do Hyde estava no telefone, praticamente implorando para levá-la hoje à noite.

Hadley já tinha ouvido tudo antes, e falar não significava muita coisa. Mas as ofertas começando a se acumular a colocariam novamente em uma mansão em Malibu antes que se pudesse dizer "quero 3 milhões e cinco por cento da bilheteria".

Até Amber ficou feliz em vê-la, enquanto deitava em um quarto privativo no Cedars Sinai com sua enorme barriga escondida por um *peignoir* La Perla. Podia ter alguma coisa a ver com os 100 mil dólares que Hadley havia colocado em uma caixa de joias da Tiffany amarrada com laços nas cores rosa e azul. Apesar das súplicas, a Hermés não tinha conseguido que ela avançasse na lista de espera pelos *slings* para bebês.

– Sabia que ficaria tudo bem – Amber disse enquanto tomava um suco orgânico de manga. – Graças a Deus te mandei para Londres. – Não era exatamente como Hadley lembrava, mas Amber estava feliz em vê-la, e queria conservar as coisas assim.

– Você está tão grande... – suspirou, com olhos arregalados. – Tipo, está vestindo quarenta e dois agora?

Amber acenou uma das mãos, descartando.

– Eles vão retirar a prole e me devolver uma barriga na mesma hora. E estou em uma dieta de água com limão e mel, então volto a caber no meu biquíni Gucci antes do fim do mês.

Fazia sentido. Hadley assentiu e tentou não olhar para a protuberância obscena onde outrora ficava a barriga de Amber. Não era à toa que todo mundo adotava órfãos do Terceiro Mundo. Espantou-se quando Amber se esticou e apertou-lhe a sua mão afetuosamente.

– Bem, venha aqui me dar um abraço, magrela! – ordenou Amber, esticando os braços. – É tão bom tê-la aqui, querida, cuidando de mim. Por que não me fala sobre suas ofertas para decidirmos quais descartar e quais colocar na pilha "nos dê mais dinheiro agora mesmo?"

Sim, era *muito* bom estar em casa.

Amber entrou em trabalho de parto no fim da noite de domingo, enquanto Hadley estava em uma das cabines do Hyde com Mischa, Nicole e uma menina promíscua de rosto pálido, que alegava ser estrela da internet. Demorou um pouco para registrar o Sidekick vibrando; em seguida estava correndo pela cozinha e pela porta dos fundos.

Foi uma certa falta de consideração dos gêmeos chegar antes da hora, quando Hadley tinha uma reunião emocional marcada com o Sr. Chow Chow no dia seguinte. Ele estava largado em um hotel de cachorro desde que Amber dera entrada no hospital.

Mas agora estava tudo em espera enquanto Hadley andava de um lado para o outro, impaciente na sala de espera, com uma assessora de uma multinacional de produtos para bebês já cheia de contratos preparados, "desde que não tenha marcas de nascença estranhas ou lábios leporinos".

Era mais ou menos bacana pensar que não seria mais filha única. Seria a irmã mais velha legal que apareceria para levar os irmãos à Disneylândia. Hadley já podia visualizar a sessão de fotos "em casa" na *Life & Style* com os gêmeos olhando para ela em adoração, os cachos louros brilhando no sol enquanto brincavam em volta da piscina. Talvez pudesse até clarear um pouco o próprio cabelo.

– Srta. Harlow? – Ela levantou o olhar quando o médico saiu da sala de parto.

– Está tudo bem? – perguntou, e por um instante ficou assustada, pois ele estava com uma expressão tensa no rosto e Amber não era exatamente uma jovem. Apesar de que *era* onze anos mais jovem que Madonna. E se tivesse morrido no parto como acontecia antigamente, e Hadley tivesse que assumir a guarda legal? Será que teria de parar de sair? Será que todas as boas babás já estavam ocupadas?

– Parabéns. Você é a irmã mais velha de dois bebês saudáveis – disse o médico. A assessora dos produtos de bebês suspirou aliviada, mas o médico pegou o braço de Hadley e a puxou para o lado. – Sua mãe está bem, em termos de saúde, mas ficou bem chateada quando percebeu que os dois eram meninos. Um deles estava sempre com a perna cruzada quando fazíamos ultrassom...

Hadley engasgou. Ninguém tinha filhos homens. Celebridades tinham meninas – Shiloh Jolie Pitt, Suri Cruise; só a Britney teve meninos, e já estava mais do que ultrapassada. Amber devia estar completamente histérica.

– Tivemos de sedá-la – murmurou o médico. – Tenho certeza de que quando se acalmar estará felicíssima com os filhos.

É, mantenha a ilusão, médico. Hadley sorriu para a assessora, que olhava ansiosa em sua direção.

– Tem certeza? – perguntou. – Precisamos de uma segunda opinião?

– Estou cem por cento certo de que os bebês são meninos – o médico disse secamente. – Quer cumprimentar seus irmãos?

Hadley não queria. Claro, seriam bonitinhos e tudo mais quando estivessem engatinhando e sorrindo, mas já havia visto recém-nascidos no canal *Home & Health* e eram vermelhos, enrugados, e gritavam demais.

– Preciso falar com a assessora deles antes. Não vou ter de segurá-los, vou?

Hadley virou e chamou a assessora.

– Sabe o que estava pensando? – disse alegremente. – Já estou cansada de ver menininhas. Não dá para se mexer nesta cidade por causa dos carrinhos cor de rosa. Sabia que sessenta e três por cento dos bebês que nascem são meninos? – (Estatísticas sempre soavam boas, mesmo quando estava inventando.) – Então sessenta e três por cento dos pais que gastam dinheiro com xampu de bebê e fraldas têm filhos...

– Oh, meu Deus, são meninos?! – a assessora gritou incrédula. – Preciso falar com o escritório imediatamente.

***

Foram horas para convencer a assessora e o CEO da empresa de que os meninos seriam o próximo estouro.

Foram visitar os gêmeos, que dormiam pacificamente e sem consciência do fato de que todo o seu futuro financeiro dependia do fato de que, graças a Deus, eram louros e de olhos azuis. Finalmente o contrato foi assinado e Hadley teve tempo de voltar ao hotel e colocar uma coisa um pouquinho mais fraternal para a sessão de fotos que havia sido organizada.

Hadley estava admirando o que as novas calças Calvin Klein faziam pelo seu bumbum, quando o fax começou a apitar e cuspir papel. Se fosse outra versão do contrato, iria se irritar seriamente.

Antes fosse. Era a primeira página do *Sunday News*. Mervyn havia escrito um recado no alto da folha. *O novo single de Benji foi direto para o primeiro lugar esta semana. Momento perfeito! Beijo Marvin.*

"BENJI, ASTRO DE BANDA, E 'GEORGE GATO' EM SÓRDIDO TRIÂNGULO AMOROSO", gritava a manchete. "Estou arrasada", chora a ex de George, Hadley Harlow.

Com as mãos trêmulas, Hadley juntou as páginas e começou a ler.

"George era o amor da minha vida", citavam Hadley. "Mas nossa vida sexual sempre foi insatisfatória, e George se tornava cada vez mais distante. Foi quando percebi que ele estava saindo com outra pessoa. Só que nunca imaginei que a outra pessoa fosse um rapaz. George sempre pareceu tão masculino. Não acredito que tenha feito isso comigo."

Não tinha dito nem metade dessas coisas. Nem mesmo um quarto. Aliás, tinha se recusado a responder todas as perguntas relativas a sexo.

Acabava com uma declaração concisa dos representantes de Benji: "É nossa política não comentar sobre os relacionamentos pessoais dos nossos clientes". O comentário de George era menos evasivo. "Minha vida particular não é da conta de ninguém, e Hadley Harlow é cheia de m****."

Tudo bem, essa doeu um pouco, mas não teve escolha. Hadley juntou os papéis e os colocou no cesto de lixo, antes de pegar a bolsa Chanel. Essa parte da sua vida pertencia ao passado. Agora tinha outro capítulo que deveria aguardar.

Hadley estava esperando que os fotógrafos estivessem acampados fora do hospital. Mas não pensava que houvesse tantos ao descer graciosamente do carro e posar para fotos. Afinal de contas, não era todo dia que uma celebridade prestes a se tornar global dava as boas-vindas a irmãos gêmeos no mundo.

– Algum comentário sobre o que os jornais do Reino Unido estão dizendo a seu respeito? – perguntou um repórter agressivo, enfiando um microfone na cara dela.

Hadley ajeitou as feições em uma expressão cuidadosamente perturbada.

– Posso dizer que estou tão bem quanto se pode estar.

– Vai voltar para a reabilitação? – mais alguém perguntou, e Hadley ficou de queixo caído.

– Estão chamando-a de a mulher mais odiada de Londres. Por isso voltou para Los Angeles?

Algo estava errado. Aliás, o radar de coisas erradas de Hadley disparara. Precisava ligar imediatamente para Mervyn e começar a gritar com ele.

– Sem comentários! – sibilou e com a cabeça abaixada lutou para passar pela multidão, dando cotoveladas em todos.

A história no *Sunday News* a retratava como uma menina de olhos arregalados que teve seus sonhos e expectativas arruinados porque seu namorado a traía. Com um rapaz! As pessoas deveria ter pena dela – não ódio.

Era em horas assim que uma menina realmente precisava da mãe. Hadley ignorou os sinais do elevador e subiu as escadas correndo, dois degraus por vez, o que era muito difícil quando se estava com saltos de dez centímetros.

A assessora *ainda* estava esperando lá fora. Será que tinha ido para casa? Em seguida deu uma olhada em Hadley e virou-se de costas para poder começar a latir no telefone. Será que sabia dizer coisas grosseiras?

Hadley atravessou as portas duplas e seguiu o rastro de balões azuis até o quarto de Amber. Com sorte o efeito do sedativo já teria passado e ela estaria satisfeitíssima com Hadley pelo trabalho em assegurar o contrato.

– Sua vadiazinha burra!

Ou não. Amber estava sentada na cama, cercada pelo cabelereiro e maquiador, que saíram do quarto quando Amber os expulsou.

– Oi, mãe – disse Hadley, mantendo uma distância cautelosa. A depressão pós-parto obviamente havia começado. – Como está se sentindo?

– Que cara de pau aparecer aqui – disparou Amber. – Bem, pode virar as costas e ir embora antes que estrague tudo.

Foi então que Hadley notou as páginas em preto e branco espalhadas sobre a cama. Difícil não notar quando duas palavras gritavam em tinta negra: "Hadley Meretriz!".

Hadley inclinou-se para perto e arrancou a primeira página: lá estava ela, com os peitos nus. Alain tinha razão; haviam colocado pontos pretos nos mamilos.

– Que diabos andou fazendo em Londres, sua vadiazinha? – Amber perguntou beligerante, mas Hadley mal ouviu, estava ocupada demais olhando para George e Benji na capa do *Sunday World*. Estavam com camisetas brancas combinando, sorrindo felizes, como se estivessem em um comercial de pasta de dentes.

No fim das contas eles encontraram o amor só depois que George teve o coração partido pelas constantes traições de Hadley, impulsionadas pelos abusos alcóolicos. "Hadley era um desastre completo", citavam George. "Ela me empurrou para os braços de Benji. Foi um alívio ficar com alguém que podia me amar por mim mesmo."

Caso alguém na Inglaterra ainda tivesse alguma dúvida quanto ao fato de Hadley ser uma boa namorada, havia as fotos de Alain provando o contrário. Nas páginas internas, ela aparecia até sem os pontos pretos sobre os seios. Havia também uma série de fotos dela saindo acabada de boates, e uma foto sentada no colo de algum ator geriátrico de novelas, enquanto George, ao lado, mordia o lábio. "Hadley vivia fazendo piadinhas sobre eu ser gay e se jogava para cima de outros homens. Percebi que preferia ser gay a manter uma relação com uma pessoa tão pernóstica".

O *Sunday World* havia reunido uma fila de gente para descrever Hadley como "uma diva", "uma bêbada escandalosa", e "uma personagem triste, agarrando-se desesperadamente aos últimos vestígios de celebridade". Tinham até ressuscitado toda a história do pai, e insinuavam que todos os seus problemas eram consequência de um exemplo paternal fraco. O especial de oito páginas acabava com uma foto de Candy, em que aparecia oferecendo uma saudação de um dedo para a câmera sob a citação "Hadley só morou aqui – não éramos amigas".

– Meu Deus – Hadley sussurrou fracamente, caindo em uma cadeira. – O que vou fazer?

Amber havia ficado em silêncio durante os dez minutos em que o mundo de Hadley caiu, mas agora tinha voltado à vida. Levantou um dedo para Hadley.

– Pode entrar no primeiro avião de volta para Londres e ficar lá.

Hadley a encarou incrédula. Apesar da maquiagem cuidadosamente aplicada, o rosto de Amber estava vermelho e contorcido de raiva.

– Não posso voltar para lá. Estou cheia de acordos que deverão se concretizar – Hadley disse fracamente.

– É, e quando a imprensa americana divulgar isso, o único acordo que terá será arrumando prateleiras no Wal-Mart – comunicou Amber, destilando veneno. – Você está acabada, e se pensa que quero sua influência tóxica passando perto desses malditos bebês, então pense outra vez.

– Mas e as fotos...

– Sério, Hadley, às vezes você não tem dignidade! – rosnou Amber, apertando o peito. – Não fique aí balindo, saia daqui!

Outras meninas tinham mãe que as levavam para seus recitais de piano ou assistiam a filmes com elas. E às vezes brigavam sobre o horário de voltar para casa, mas sempre se entendiam, porque tinha um laço de mãe e filha inquebrantável que nada poderia romper. Hadley sabia disso, porque interpretara essa filha durante dezoito anos. Amber, no entanto, não havia recebido a cópia do script.

Hadley virou-se e viu duas enfermeiras trazendo os bercinhos dos gêmeos. Tinha acabado de ser dispensada, sem chances de renovação.

Amber já estava se desmanchando sobre os gêmeos, como se eles fossem aniversário, ação de graças e Natal, tudo misturado em um único pacote fotogênico.

Amber levantou a cabeça apenas o suficiente para soltar:

– E pode levar esse cachorrinho roedor de volta para a Inglaterra, pois não vou mais cuidar dele – enquanto Hadley saía pela porta.

# CAPÍTULO DEZESSETE

– Por que diabos você voltou?! – gritou Candy, quando viu Hadley na entrada. – Estamos presas aqui faz dias porque há *paparazzi* acampados na nossa porta. – Parou para recobrar o fôlego e viu o Sr. Chow Chow, ainda dopado pelo sonífero que Hadley havia misturado com salmão defumado antes do voo. – O que é *isso*?

– Ele é um cão mexicano sem pelos – explicou Hadley, espiando pela tela de arame do transportador de cães Louis Vuitton. – Pode diminuir a voz? Ele é muito sensível a barulhos.

Candy não diminuiu a voz, nem se moveu um centímetro para que Hadley pudesse entrar.

– Cara, vaza daqui. Você consegue uma lufada de sucesso, abandona os amigos e acha que pode voltar quando é conveniente e...

Tipo, quem morreu e fez de Candy a chefe da casa?

– Laura está aqui? – Hadley perguntou esperançosa. Apesar de ser uma modelo quase famosa hoje em dia, Laura não ficava toda insolente, ao contrário de certas nova-iorquinas com problemas de temperamento.

– Está em Miami, fazendo lipo no bumbum – disse Irina, surgindo atrás de Candy, que virou e empurrou a russa de lado.

– Não, não está. Está fotografando de biquíni.

– Prefiro minha versão – insistiu Irina. Hadley sabia que Irina e Laura tinham tido uma briguinha de modelos por causa de uma propaganda de perfume, mas não conseguia se lembrar dos detalhes. Talvez Candy tivesse um pouquinho de razão em relação a ter sido relapsa com as amigas. Mas era difícil manter amizades quando a própria vida está acontecendo. Não era como se tivesse uma guia de autoajuda sobre o assunto.

– Só está com inveja – Candy provocou Irina. – Porque Laura é a garota Siren e você não.

Irina examinou as unhas e se recusou a fazer qualquer expressão facial.

– Que seja – disse secamente. – Digo que Hadley pode ficar e o apartamento é tão meu quanto seu. – Lançou um sorriso manhoso para Hadley. – Ela só está reclamando porque está usando seu quarto como ateliê.

Hadley se aproveitou de Candy ter se deslocado para frente, a fim de atingir Irina novamente e entrou.

– Atela o quê? – Esta fora a semana mais longa de todos os tempos. Estava tão cansada que não sabia nem se tinha a energia necessária para cuidar da pele. Só queria deitar.

– Ateliê – arfou Candy, ao tentar se livrar das garras de Irina em seus pulsos. – É o estúdio de uma estilista e ninguém me disse que você ia voltar!

Candy e Irina foram atrás dela até o quarto. Esquecera-se do quanto era pequeno – ainda bem que o Sr. Chow Chow era pequeno. E, sim, Candy o tinha transformado em um salão de confecção de roupas. Mas por que precisava fazer as próprias roupas, Hadley não podia imaginar. Tipo, por que simplesmente não comprava novas? Tinha dinheiro para isso.

– Como pôde fazer aquilo com George?! – Candy, de repente, gritou enquanto Hadley examinava o material empilhado na cama. – Acabou com ele!

– Tentei me desculpar com George! – protestou Hadley. E tinha tentado. Deus sabe o quanto tinha tentado. Nos últimos três dias em Los Angeles, sem ter nenhuma das ligações retornadas por executivos de estúdio, havia mandado balões, flores, uma cesta de muffins sem gordura e com baixo teor de carboidratos, e incontáveis mensagens de texto pedindo desculpas.

Então recebeu um fax dos advogados de George exigindo que parasse de assediar seu cliente, ou seriam forçados a emitir uma medida cautelar.

– E pode culpá-lo? – Candy estava lutando com o peso de uma máquina de costura enquanto Irina observava, claramente entretida. – Já foi ruim o bastante ter nos largado quando conseguiu aquele papel em *Notting Hillbillies*, mas o que fez com George? Foi baixo, até para você.

O Sr. Chow Chow estava começando a demonstrar sinais de extrema agitação com todos os gritos de Candy. Sua carinha engraçada se enrugou antes de se arrastar para baixo da cama.

– Senhor C-C, saia daí – chamou Hadley. – Sabe que a poeira vai agravar suas alergias.

– Tem belos peitos – Irina disse abruptamente, e Hadley quase bateu a cabeça no encosto da cama ao se virar para encará-la, espantada. Irina também era lésbica? – São de verdade?

– Claro que são de verdade! – exclamou Hadley, olhando para o próprio busto. Eles eram pequenos, mas totalmente empertigados. A única parte dela assim, no momento. Era estranho pensar que o público britânico havia visto seus seios quando nunca sequer se despira na frente de ninguém. Exceto Alain. E nesse caso tinha *sido* despida, e isso era traumático demais para pensar a respeito.

Irina deu de ombros. Conseguia dizer muito com um simples gesto de ombros. Este dizia que o que quer que Hadley tivesse feito ou não, eles continuavam legais.

– Vou para o Brasil amanhã – informou a Hadley casualmente. – Depois Praga, depois Berlim. Depois não sei, mas pode ficar no meu quarto um pouco.

Tinha de ter algum porém. Irina não era dada a atos aleatórios de gentileza. Hadley examinou-a atentamente e esperou.

– Mais um dia com aquela vaca barulhenta e eu a mato na cama – escarneceu Irina com ameaça o suficiente para Hadley acreditar totalmente. – Eu a odeio mais do que odeio Laura com sua bunda gorda!

Era demais. Havia saído de uma zona de guerra para outra.

– Ódio é uma palavra muito forte, Irina.

– Não é forte o suficiente! – declarou Irina e saiu, certificando-se de pisar em algumas estampas que Candy havia deixado no chão.

Duas semanas depois e Hadley tinha superado a dor. Havia seguido em frente. Aliás, havia seguido precisamente os quinhentos metros necessários para ir ao supermercado comprar picadinho de carne (o Sr. Chow Chow não comia outra coisa) e sopa fresca. Dominava completamente o uso do micro-ondas esses dias, e isso era uma coisa boa. Como o terapeuta costumava dizer, se não estivesse avançando, estava parada.

Ou deitada, porque horizontal era sua atual posição de escolha. Quando voltava ao apartamento, ignorava Candy, que a ignorava em retorno, e se refugiava no quarto de Irina, apesar do fraco aroma de linguiça russa fedida que pairava no ar. Encolhia-se na cama com o Senhor C-C e enterrava a cabeça na nuca pelada dele. Ele realmente era o melhor amigo de uma garota. Ou seriam os diamantes? Nunca se lembrava.

Finalmente os *paparazzi* se irritaram com as duplas saídas diárias para passear com o Sr. Chow Chow, apesar de não se cansarem das fotos de Hadley catando cocô. E sempre registravam suas conversas com o cachorro para poderem publicar histórias sobre como ela vagava pelas ruas de Londres conversando com si mesma. "Terá a terrível Hadley enlouquecido de fato?". Mas não era terrível. Ela era a mesma Hadley de sempre.

Mesmo assim, não parecia a mesma Hadley que havia brilhado e se destacado nos tapetes vermelhos naqueles mesmos jornais. Agora as fotos em preto e branco mostravam uma garota que parecia comum. As raízes do cabelo estavam aparecendo, a platina (louro herdeira, como costumava chamar) desbotando em algo mais suave, porque estava envergonhada demais para ver Guido, o melhor cabeleireiro/colorista do norte de Londres. Não pelas raízes chocantes que cresciam, mas porque ele era gay e provavelmente colocaria removedor de cabelo na solução de peróxido de hidrogênio.

Apenas para esclarecer, Hadley não estava recolhida por sentir pena de si mesma. Estava recolhida porque não tinha o que vestir. Tegan havia seguido as instruções que Hadley enviou da Austrália e feito sua mala, que a companhia aérea perdeu, então tinha de se virar com uma malinha de roupas.

Mesmo que estivesse se sentindo um pouco... *para baixo*, também era bom, pois a única direção que restava era para cima.

– Bem, estou feliz que esteja conseguindo se manter para cima – Derek falou desconfiado, quando finalmente retornou uma de suas muitas ligações. – Não tenho nada além de uma foto em uma revista masculina. Está disposta a fazer topless?

– E todo mundo no Reino Unido não já viu? – perguntou Hadley. – Tipo, sério.

– Tem certeza de que está bem? Geralmente estaria me dizendo como fazer meu trabalho, a essa altura.

– Sim, estou bem – Hadley garantiu. – Só estou utilizando este tempo para me recompor, fazer um balanço e decidir o próximo passo. Vai ficar tudo bem. Eu vou ficar bem.

– Você já disse isso – destacou Derek gentilmente, pausando para tossir. – Esse é um assunto um pouco delicado, mas como não pode garantir a comissão da agência por ganhos futuros, terá de pagar nossa taxa mensal e o aluguel adiantados.

Hadley acariciou o Sr. C-C sob o queixo enquanto ele fungava em aprovação. – Tudo bem. Entendo perfeitamente – concordou. Ainda lhe restava um pouco do dinheiro da Austrália, apesar de ter dado quase tudo a Amber, e podia prolongar o de *Notting Hillbillies* mais um pouco. Estava economizando em spa e salão de cabeleireiro deixando de marcar horários. – Preciso ir, Derek, porque estou superocupada. Mas se aparecer alguma coisa, qualquer coisa, mesmo coisas que você considere abaixo do meu percentual, vai me ligar, certo?

– Certo. Ouça, tem certeza de que vai ficar bem?

Mas Hadley já estava desligando, pois se Derek continuasse tagarelando, gastaria seus minutos gratuitos.

# Capítulo dezoito

Laura voltou no dia seguinte em uma nuvem de perfume Siren e roupas caras. Hadley estava cochilando, mas a onda sonolenta foi interrompida quando Laura e Candy começaram a arrulhar na frente da sua porta.

– E aí, vaquinha?! – gritou Candy.

– Nada de novo, tudo velho. E você?

Hadley surpreendentemente sentia falta do sotaque estranho de Laura e de seu suprimento infinito de chá. Agora tinha de operar a chaleira sozinha e tentar não derramar água fervente quando Candy entrava na cozinha e esbarrava nela. Sim, Candy estava irritada com ela porque George era seu novo melhor amigo (e, nesse caso, por que não estavam passando vinte e quatro horas por dia, sete dias por semana juntos?), mas isso não era razão para desrespeitar os limites de espaço pessoal de Hadley.

– ...preocupada com ela. – Hadley levantou a cabeça do travesseiro, o que exigiu um esforço sobre-humano, ao ouvir a parte de Laura na conversa. – O agente dela pediu para conversar com o meu, porque ela se recusa a ir até a agência. Continua dizendo a ele que está bem, mas ele diz que parece estranha.

– Ela sempre parece estranha. Aquela voz tola de menina deixou de ser fofa quando tinha, tipo, cinco anos – zombou Candy. E pensar que Hadley quase defendeu Candy quando Irina passou a odiá-la. – Merece sofrer depois do que fez.

– Mas o que ela fez? Vendeu uma história e George foi desmascarado. Não causou mal nenhum a ele. Depois houve aquelas fotos dos peitos, que não fizeram o menor sentido, pois Hadley jamais dormiria com alguém e deixaria tirar fotos. Ela é pudica demais para uma menina que usa saias tão curtas.

– Faz sentido se estivesse bêbada na hora – disse Candy ajudando. – Além disso, ela não é tão inteligente. O cara provavelmente prometeu um papel no próximo filme e lá se foram as calças.

Ah, como *odiava* Candy. E se Irina realmente quisesse matá-la, ela ajudaria a esconder o corpo e a lavar as manchas de sangue da roupa.

– Ela não é burra, Candy – Laura disse com firmeza. – Sei que você tem problemas com quem sai falando as coisas, mas Hadders precisa de alguém que cuide dela agora. Alguém sequer ouviu a versão dela da história?

A resposta de Candy foi abafada, mas continha pelo menos um palavrão muito ofensivo. Hadley pegou uma revista do chão do quarto com o rosto de Candy na capa e começou a rasgá-la de forma metódica.

– Hadders? Você está aí? – Ouviu-se uma batida educada na porta. – Posso entrar e ver como está?

– Estou bem – disse Hadley. – Estou no meio de uma coisa. A gente se fala depois.

– Tem certeza?

– De verdade, estou bem. Só estou esperando uma ligação muito importante dos Estados Unidos.

Foram necessários mais alguns segundos, mas Laura finalmente entendeu o recado e se afastou.

Hadley conseguiu evitar Laura por boa parte do dia ficando no quarto, apesar de estar superapertada.

*Finalmente*, Laura e Candy saíram.

Teve tempo de passear com o Sr. C-C, que ficava muito contrariado quando sua rotina era interrompida, fazer uma rápida caneca de sopa e ir ao banheiro.

Quando era bem pequena, tipo, pré-família Starr, os pais moravam em um minúsculo apartamento no Valley. Tinha de dormir em uma cama dobrável que cheirava a mofo, mas do que mais se lembrava era de ficar deitada acordada à noite, ouvindo o pai e a mãe brigando. O pai estava desempregado, e Amber trabalhava como garçonete em uma lanchonete perto da Strip à noite, para que pudesse levar Hadley para fazer testes durante o dia.

Discutiam e discutiam por causa de dinheiro. Mas era por causa dela, na realidade. Como conseguir pagar novas fotos para mandar para diretores de elenco, as novas roupas de que precisava e o treinador de oratória para corrigir a pronúncia do "s". Discutiam sem parar até o pai sair e Amber preparar um banho e ficar no banheiro durante horas e horas.

Talvez fosse a única coisa útil ensinada por Amber – as propriedades de cura de um longo e bom banho. Ficou na banheira por tempo suficiente para a pele enrugar, antes de sair da banheira e raspar as pernas.

Também conseguiu jogar boa parte da loção corporal caríssima de Candy na pia, antes de fechar cuidadosamente a tampa e espiar pela porta.

Laura apareceu em um milésimo de segundo. Quando Hadley tentou recuar, colocou-lhe a mão em volta do pulso e arrastou-a pelo corredor.

– Fiz um chá para você – disse persuasivamente. – Lapsang Souchong, seu preferido, e até me lembrei da rodela de limão. Vamos conversar.

Ouviu-se um murmúrio de vozes na sala. A risada de Candy (provavelmente em razão da queda de alguém) e um riso mais profundo, que só podia pertencer a Reed. Realmente não estava com disposição para um ataque duplo dos Careless. E os lábios de Reed ficariam todos duros e finos, e... Hadley enterrou os calcanhares no tapete.

– Na sala não – sussurrou aflita. – Candy foi muito desrespeitosa comigo, e, tipo, não estou com roupa para receber visitas. Olhe para mim!

Laura parou de tentar não derramar o chá por todos os lados e teve uma reação retardada quase como de um desenho animado.

– Meu Deus, *o que* você está vestindo, Hadders?

As duas olharam para a combinação de calcinha de biquíni e camiseta da Quilty-Lux que Hadley usava.

– Não sei usar a máquina de lavar e a Fierce empacotou todas as minhas coisas, mas se perderam no caminho. Tipo, acham que foi encontrada em Karachi. Ou talvez Caracas – Hadley acrescentou incerta.

– Meu Deus, você tem sardas! – gritou Laura.

Com a menção da palavra com S de que menos gostava, Hadley virou a costas e foi buscar proteção no quarto de Irina, com Laura logo atrás.

– E raízes também. Sua cor natural é ruiva? – perguntou, fechando a porta atrás de si, mas não antes de as palavras vazarem pelo corredor, até chegarem a Reed e Candy, que provavelmente estavam chorando lágrimas de júbilo.

– É só o contraste entre as partes que foram clareadas um pouquinho e as partes que não foram – Hadley insistiu com firmeza, colocando a mão sobre a divisão porque Laura estava com os olhos semicerrados sobre ela. Maldita altura que tinha.

Por sorte a atenção de Laura se desviou para o Sr. C-C, que escolheu aquele instante para sair de sob a cama e rosnar para ela.

– Ah, este é o Sr. Chow Chow? – Laura deu um passo cauteloso para trás, o que foi uma atitude sábia, pois ele adorava morder ossos de calcanhares, e colocou o chá na cabeceira antes de sentar. – Então, como tem passado?

– Muito bem – relatou Hadley. – Não sei por que todo mundo fica me perguntando isso. O que está acontecendo é, tipo, uma breve falha na Operação Estrela, mas já passei por coisas piores. – Não havia nenhum tremor em sua voz. Conseguiu até olhar nos olhos de Laura ao dizer isso.

Mas sinceramente? Nada nunca foi tão ruim assim. Nem o cancelamento de *A casa de Hadley*. Ou ter sido roubada pelo pai e ter ouvido dele que estava morta para ele quando a polícia o prendeu. Nem Amber substituindo-a por dois modelos mais novos. Nada era tão ruim quanto ser universalmente odiada em vez de universalmente amada. Só esta manhã oitenta e seis por cento das pessoas que telefonaram votaram nela como a pessoa mais odiada na Inglaterra, em uma pesquisa telefônica feita no rádio. Nem Mervyn poderia contornar isso, o que talvez fosse o motivo para não ter retornado suas ligações.

– Só quero que saiba que a considero uma amiga – disse Laura, esticando a mão para o Sr. Chow Chow e puxando-a de volta quando ele mostrou os dentes. – Não fico muito por aqui, mas, se precisar de alguma coisa, ou simplesmente quiser desabafar, sempre pode me ligar.

Hadley assentiu educadamente. Laura era gentil, ainda que passasse tempo demais com Candy. Mas jamais compartilharia os detalhes sórdidos do que tinha acontecido naquele apartamento nojento. Não podia esperar que outros arrumassem sua bagunça; tinha de fazer isso sozinha. A responsabilidade era dela, do cabelo Hadley, e estava tudo bem para ela.

– E como *você* tem passado? – perguntou alegremente a Laura. – Parece uma modelo de verdade agora, mesmo quando está de folga.

Era verdade. Laura estava com aquele brilho que somente pessoas muito bem-sucedidas tinham. Apesar de estar vestida com um jeans simples e um casaco preto, estava linda; era a maneira como se comportava, sem o desleixo de antes. Até seu cabelo, preso em um rabo de cavalo bagunçado, tinha aquele brilho de menina rica.

– Estou bem – Laura respondeu com um suspiro, como se não tivesse se enganando com as táticas de distração de Hadley. – É um pouco demais a maneira como sua vida pode se transformar em, tipo, cinco minutos. Entende o que quero dizer? – Hadley assentiu cuidadosamente. Laura era tão sutil quanto acne. – Mas está tudo bem – prosseguiu. – Fui a um templo budista e ao Hello Kitty World quando estive em Tóquio. Nunca vi tanto rosa na vida. Mas, de qualquer forma, estou com os próximos dias de folga, e deveríamos fazer um spa. Fui a um ótimo com Candy...

Sua pele podia estar implorando por uma boa esfregada e um bronzeado artificial, mas Hadley não aceitaria a caridade de Laura de jeito nenhum. Não, era pena. E havia três coisas que Hadley não admitia: açúcar refinado, roupa feita e a pena alheia.

– Oh, não posso – objetou, mordendo o lábio com pesar. – Estou com a agenda muito cheia esta semana.

– Fazendo o quê? – insistiu Laura, lançando um "daqueles" seus olhares à outra. Hadley havia se encontrado com a mãe de Laura precisamente uma vez, mas ela havia lançado às duas exatamente o mesmo olhar quando descobriu que nenhuma delas jamais lavara o chão da cozinha.

Era uma boa pergunta. Planejava ficar em casa o máximo possível enquanto bolava um plano com o qual pudesse limpar seu nome, fazer o público voltar a amá-la e resultar em grandes endossos e no papel principal em uma franquia cinematográfica de grande orçamento. Até lá...

– Desculpe, não posso dizer – Hadley entoou em um lamento, certificando-se de que diminuía a voz ao se inclinar para a frente de forma conspiratória. – Tive de assinar um contrato de não divulgação. Segredo absoluto.

Os olhos de Laura se arregalaram. Com suas meias curtas de algodão, ou meias Fogal, ou o que fosse, ela era tão ingênua!

– Uau, parece que está prestes a entrar na indústria de espionagem, ou coisa parecida – disse, soando adequadamente impressionada. – Bem, acho que toda publicidade é boa, apesar de Ted afirmar o contrário.

Sempre que Laura quisesse sair e deixar sua marca suburbana de ingenuidade com ela, Hadley receberia de bom grado.

– Então tenho muito por fazer, querida – disse nitidamente. – Scripts para ler, motivação para encontrar, você sabe.

– Esse é o espírito! – Laura estapeou as costas de Hadley com força suficiente para deixar marcas. – Distrair a mente.

Urgh, pare de falar comigo como se eu fosse uma pessoa normal, Hadley queria gritar, mas simplesmente deu de ombros do mesmo jeito que Irina o fazia quando queria informar a alguém que a conversa estava encerrada.

Laura entendeu o recado e saiu da cama.

– Quer ficar na sala? – perguntou esperançosa. – Para ter uma chance de se entender com Candy. E Reed tem perguntado de você.

Provavelmente querendo saber por que ainda não tinha sido despejada por ser uma influência venenosa sobre a irmãzinha boca suja e do mal.

– O Sr. Chow Chow ainda não se acostumou ao fuso horário – mentiu Hadley. – Não posso socializá-lo com ele tão cedo.

– Mas Reed está contando sobre todas as atrizes que fizeram testes para ele – Laura fez beicinho. – Nunca soube que ele era tão engraçado, depois que você supera a zombaria.

Hadley não sabia, tampouco se importava.

– Aqueles dois... – disse com desdém. – Tire a zombaria e a atitude, e não sobra muita coisa.

Podia ouvir as vozes deles enquanto executava uma série de Yogalates. Era difícil fazer um bom alongamento quando não parava de bater a cabeça na porta do armário.

– Reed, vou fazer xixi nas calças! – Candy gritou em determinado momento, a próxima frase se perdendo em uma onda engasgada de risos.

Hadley forçou os ouvidos e escutou Laura exclamar:

– Ela não disse isso! Você está inventando.

– Disse – insistiu Reed, e parecia muito mais jovial do que o normal. Mas sempre que Laura falava com ele, havia muito rosnado e desdém. – Pedi para ler o papel com sotaque britânico e ela disse "não sei falar outras línguas". Sério, essas meninas de Los Angeles compartilham um único neurônio.

Indignada em nome das meninas da sua cidade natal, Hadley sentiu um arrepio. Estava com os ouvidos atentos para escutar a próxima onda de insultos quando seu Sidekick começou a tocar. Olhou para a tela.

Estranho. Por que Derek estaria ligando às dez da noite de uma quinta-feira? Mas eram apenas duas da tarde em Los Angeles. Talvez fossem boas notícias?

– Oi – disse ansiosa. – Tem alguma coisa para mim?

– Você tem planos para amanhã à noite? – perguntou Derek.

Ah, planos. Hadley se lembraria se tivesse planos.

– Nada que não possa cancelar. Por quê?

Hadley já conseguia ler os silêncios de Derek, e este, pontuado por um limpar de garganta, significava que ia tentar vender uma ponte.

– É um bico de apresentadora para um programa de fim de noite no Canal Quatro – disse depressa. – *A vida começa às nove e meia*. Já viu?

– Acho que sim. – Hadley se lembrava vagamente de um homem muito magro que se parecia com Johnny Depp em *Piratas do Caribe*, agindo como se sofresse de déficit de atenção, enquanto uma menina fazia quase todo o trabalho e tentava não se chatear quando ele zombava dela. – Aquele cara precisa de uma receita de Ritalina o quanto antes.

– É que Marika, a menina, caiu de uma escada enquanto estava... resumindo, precisam de apresentadores convidados a cada semana até o fim da série e a requisitaram especialmente.

– Requisitaram? – Hadley não conseguia esconder a animação borbulhando e ameaçando explodir. Alguém a queria. Já era hora. – A mim? Eu topo.

Derek agora estava executando o silêncio fungado que significava que queria convencê-la a não fazer.

– Só falei porque disse que avisaria se alguma oferta aparecesse.

– É, e eu disse que topo.

– Já deixaram bem claro que vão tocar no assunto George, no das bebedeiras, e no das fotos nuas. Já esboçaram um script – Derek disse desanimadamente. – Realmente não acho...

– Mas posso ir até lá e limpar meu nome! – exclamou Hadley. – Contar meu lado da história.

– Por falar nisso, qual exatamente *é* o seu lado da história, uma vez que você ainda não entrou em detalhes?

– Ah, é tão chato, nem vale a pena mencionar. – Hadley o dispensou. – E querem rascunhar um script? Quão ruim pode ser?

– Levaram aquela cantora que fez uma dublagem na premiação da MTV até que o pano de fundo caiu. Ela abandonou o programa no meio, chorando, Hadley. Recomendo veementemente que não faça isso.

Hadley pensou no assunto por cinco segundos. Já havia sofrido o bastante nas semanas de humilhação pública. Meia hora a mais não faria muita diferença. E mostraria que ela sabe levar na esportiva. O público inglês adora bons esportistas. Disso tinha certeza.

– Entendo, Derek, mas esta pode ser a maneira de trazer as pessoas de volta para o meu lado – disse com firmeza.

– Mas também querem que você entreviste uma banda de rock – Derek falou desesperado –, que cospe na própria plateia. *Cospem* de fato.

– Posso ler as perguntas de um teleprompter – Hadley respondeu de forma implacável. – Sou muito boa nisso. A que horas me querem?

Houve um silêncio derrotado de Derek, pontuado por um suspiro sentido, pois todos os seus esforços foram em vão.

– Precisam de você no estúdio até as seis e meia. Arranjo um carro para buscá-la, tudo bem?

– Ah, Derek, isso é fantástico – disse Hadley, empurrando uma vasilha semicomida de macarrão tailandês. Graças à Laura, as curvas estavam de volta, e Hadley, que havia perdido três quilos com a dieta forçada de sopa, corria perigo de se tornar o inverso da moda. – Vai ser um verdadeiro reverso da fortuna, sabe?

– Sei. E é o seu enterro – murmurou Derek, mas Hadley já estava desligando o telefone porque a negatividade de Derek podia ser contagiosa.

# Capítulo dezenove

Era como andar de bicicleta. Ou subir novamente no cavalo depois que ele disparava. Ou alguma outra metáfora idiota para voltar para os holofotes depois que ele já havia te mastigado e cuspido.

Essa tinha de ser a razão pela qual estava nervosa. Tremendo de pavor diante da perspectiva de ser levada às casas da nação para que pudessem julgá-la outra vez. Hadley sentou na maquiagem, abraçando o Sr. C-C próximo ao peito e acariciando-o sem parar, como um mantra que a acalmaria.

– Não posso acertar o contorno da boca se não ficar parada – disse a maquiadora. Já detestava Hadley porque teve de sair para comprar uma tintura de cabelo para cobrir as raízes dele.

Hadley levantou a mão.

– Apenas me dê um minuto, tudo bem? – Agarrou a garrafa de água e tomou vários goles longos. Mas e se precisasse ir ao banheiro quando começasse a gravar?

Hadley estremeceu novamente e a menina da maquiagem bufou, irritada.

– Está com uma coceira por todo o peito – disse em tom de acusação, passando base sobre a área em questão. – É uma reação alérgica?

– Só estou um pouco estressada – admitiu Hadley.

– Ah, vai ficar tudo bem. Vão pegar no seu pé, mas não é nada pessoal. Depois é só tomar um drinque, e Ross pede desculpas.

Hadley já havia conhecido Ross quando passaram rapidamente o script. Ele não tinha nem um décimo da hiperatividade que mostrava na frente das câmeras. Aliás, falava com um sotaque muito elegante, como o príncipe Charles, e não parava de dizer, "é tudo uma grande risada, nada com que se preocupar". O que deveria tê-la deixado preocupada, principalmente por não terem ensaiado o esboço infame de que Derek tanto falara.

– Bem, está pronta – a menina da maquiagem anunciou secamente. – Fiz o melhor que podia.

Hadley olhou desinteressada para o próprio reflexo. Estava com a pele tão manchada que parecia sofrer de uma alergia seríssima; e aquele batom rosa...

– Pode me dar lábios ligeiramente mais escuros, por favor? Talvez alguma coisa na família das frutas silvestres? Sou mais outono do que inverno ultimamente.

A maquiadora pegou um batom com ar de quem gostaria de colocá-lo em algum lugar dolorido.

– Que diva! – murmurou baixinho.

Mas no instante em que entrou no set e sentiu o brilho quente das luzes, Hadley encontrou seu lugar calmo. Em seguida olhou para as centenas de pares de olhos que a encaravam de volta.

– Ninguém me disse que era um programa ao vivo – sibilou no microfone. – Pensei que adicionassem a risada.

– Trinta segundos – ouviu-se uma voz hostil. – Ross, onde está você? Venha para o palco agora.

Hadley se assustou quando Ross entrou no palco e a plateia começou a aplaudir freneticamente.

– Dez segundos e ligue o teleprompter, sete, seis, cinco, quatro, três, dois, e um! Hadley!

Hadley olhou para a câmera à sua direita e sorriu, como se tudo em seu mundo estivesse uma maravilha.

– Olá, sou Hadley Harlow, a garota mais odiada da Inglaterra e este é...

– Sou Ross Thomas, o homem mais sexy do Sistema Solar, aqui para me divertir com vocês de um jeito atrevido com garantia de satisfação mútua – ronronou Ross, com sobrancelhas e dedos agitados. – Vamos apresentar os nossos convidados da noite...

Hadley se moveu pelo set em piloto automático, apresentando uma discussão ao vivo sobre por que cocôs de cachorro às vezes ficam branco no verão. Anunciou uma apresentação ao vivo da banda de rock feia e cabeluda a respeito da qual Derek havia alertado (apesar de parecerem uns amores quando os conheceu na sala verde antes do programa) e passou pela encenação que testou cada fibra de profissionalismo em seu corpo.

Baseava-se na notícia de que era uma tábua. Aparentemente sua falta de peitos fazia homens heterossexuais viraram gays. Ross Thomas colocou um par de peitos falsos minúsculos que pareciam ovos fritos enquanto Hadley vestia uma camiseta enorme que dizia "Sou a única mais do que gay de Hollywood" enquanto lia no teleprompter:

– Bem, se não há peitos para mim, melhor virar gay.

Foi assim por mais três dolorosos minutos, mas Hadley não se importou porque tinha morrido de vergonha e já estava no inferno.

– Ela não sabe levar na esportiva, pessoal? – declarou Ross quando chegaram ao fim da cena, levantando Hadley do chão em um abraço forte, o que a fez agarrá-lo freneticamente no ombro. – Pode ser a menina mais odiada da Inglaterra, mas eu a amo. Agora a aplaudam ou mato todos vocês.

Hadley nunca soube que aplausos podiam soar tão hesitantes ou vagos. Houve algumas palmas isoladas e um grito solitário antes de cortarem para um intervalo comercial.

– Tudo bem, pode me soltar agora – sugeriu, e seus pés ainda nem tinham tocado o chão quando um empregado do estúdio correu até eles.

– Não vai embora, vai? – perguntou, sacudindo as mãos de forma agitada. – Você foi ótima. Toda a equipe de produção está adorando. Então não vai sair, não é?

Tanto Ross quanto o lacaio encaravam Hadley ansiosos, como se ela estivesse prestes a ter um faniquito maior que os de Candy Careless. Nada disso.

– Nunca larguei um trabalho na vida – informou nervosa. Tipo, achavam que estavam lidando com uma amadora?

– Ótimo, ótimo, vamos levá-la até a maquiadora para tirar o brilho do rosto – o homem disse apressado, conduzindo Hadley para fora do set. Não saiu de perto até que ela estivesse novamente diante das câmeras, pronta para apresentar um jogo com participantes escolhidos na plateia, todos agitados com o prêmio de uma viagem a um acampamento nojento no norte da Inglaterra.

A entrevista com a banda de rock Raised By Wolves foi marcada logo antes do segundo intervalo. Ao chegarem ao sofá molenga onde Hadley estava sentada, ela quase foi asfixiada pelo cheiro de cerveja que exalava dos poros deles. E na realidade uma taça de champanhe era tudo de que precisava para relaxar – mas não faria isso.

Em vez disso, apertou as patas suadas de cada um enquanto se sentavam e olhou rapidamente para o teleprompter.

– Vocês os viram tocar seu novo single, *Jailbait Rock*, mais cedo, e eles tocarão no final, mas agora, os Raised By Wolves vão responder a algumas perguntas enviadas por mensagem de texto pelo público.

A banda brincava entre si e relinchava, mas Hadley prosseguiu corajosamente.

– Muito bem, nossa primeira pergunta é de Gary, de Norwich. Quem na indústria musical vocês encarariam em uma luta? – Hadley sentiu a necessidade de explicar uma coisa para a plateia. – Não que violência seja a resposta para alguma coisa. Mas, pessoal, contra quem vocês colocariam um par de luvas de boxe e lutariam dez rounds?

Olhou cheia de expectativa para o vocalista, que não fazia a barba havia uma eternidade; tinha os lábios obscurecidos por pelos faciais. E espiou curiosa para ver se existia alguém relativamente bonito por baixo daquilo tudo. Parecia muito improvável.

Ele também a examinou à centésima potência.

– Desculpe – ele sorriu afetadamente. – É um pouco difícil ouvir as perguntas quando tenho uma foto dos seus peitos colada no nosso ônibus de turnê.

– Apenas ignore – comandou uma voz no fone de ouvido.

Hadley estalou os dedos para chamar a atenção do músico.

– Meu rosto está aqui.

Ele relutantemente desviou o foco do peito de Hadley.

– Sou do amor e não da briga, docinho – mirou-a com olhos estrábicos.

– OK, é bom saber – Hadley disse alegremente. – A próxima pergunta vem de alguém chamado Morte ao Emo. Vocês fariam a barba se o destino do mundo dependesse disso?

A banda sussurrava e ria como um bando de crianças cheias de açúcar no sangue, e ainda faltavam cinco minutos para o intervalo comercial. De verdade, este era o pior dia na história dos dias ruins. E ela já havia tido alguns deles.

– Vamos, meninos – entoou. – O que estão escondendo embaixo dessas barbas. Não pode ser tão ruim, não é?

– Eu mostro o que estamos escondendo – anunciou o corpulento sentado na ponta, levantando-se de repente. Hadley o encarou confusa. Ninguém disse que haveria tanto improviso.

Parecia estar acontecendo em câmera lenta quando ele começou a abrir a calça jeans absolutamente imunda. Não ia acabar bem. Hadley esperou a voz no fone de ouvido anunciar o intervalo comercial, mas tudo que ouviu foi um "ai, droga!" aterrorizado.

– Então o que você acha disso? – perguntou o senhor Corpulento, abaixando as calças e se curvando de modo que Hadley pudesse enxergar os traseiros mais flácidos, cabeludos e marcados que já tinha visto.

Não conseguiu se conter.

– Eeeca! – ganiu ela. – Que nojo. Você deve ter uma dieta péssima para ter tantas espinhas. Além disso, precisa se consultar com um dermatologista. Posso dar alguns números.

Alguém definitivamente estava dizendo alguma coisa ao seu ouvido, mas Hadley não conseguiu escutar com o rugido da plateia. Além disso, sua atenção voltara-se para o homem mais repugnante que já havia conhecido, virando para que pudesse sacudir a *coisa* na cara dela.

– Ouvi dizer que você gosta de homens de verdade – grunhiu ele. – Então, o que acha disto?

Hadley tapou os olhos antes que a sopa que tinha tomado no almoço pudesse se reapresentar.

– Eeeca! – Franziu o rosto novamente, mas com muito mais força. – Qual é o seu problema? Por que você faria isso comigo? E, tipo, sua mãe provavelmente está assistindo, ou, tipo, sua avó, e ficarão arrasadas. Você deveria ter vergonha.

– Disso você entende – disse outro membro da banda. – Aposto que sua mãe ficou muito orgulhosa quando os peitos da filha dela apareceram no jornal.

Hadley sentiu que estava começando a perder o controle. Era como mergulhar de um avião sem paraquedas, mas de um jeito muito, muito ruim.

– Mas tudo bem. Por que não fazem mais alguma piada sem graça à minha custa? É como se eu não tivesse sentimentos que as pessoas pudessem ferir. Adoro ser a garota mais odiada da Inglaterra. É a coisa mais divertida do mundo! – O ombro de Hadley se encolheu quando ela percebeu repentinamente que estava dizendo tudo isso. – Acredite, ninguém entende de vergonha mais do que eu – acrescentou quietamente, antes de erguer o queixo. – Perguntas, comentários?

Os Raised By Wolves caíram em um silêncio espantado. Tirando o porco com os problemas de pele – que prendeu o órgão no zíper ao tentar vestir o jeans apressadamente.

– Vá para o intervalo! Hadley, intervalo! Agora! – De repente, o fone ganhou vida, e seu gene o-show-deve-continuar entrou em ação.

– Já voltamos – disse Hadley, sorrindo para a câmera como uma louca, enquanto ouvia uma série de instruções sendo gritadas para ela. – E gostaríamos de nos desculpar se algum dos conteúdos dessa entrevista foi ofensivo. Daqui a pouquinho estamos de volta!

Assim que foram para o comercial, Hadley se levantou e arrancou o fone de ouvido enquanto o produtor e o empresário da banda corriam para o palco.

– Que diabos você pensa que está fazendo?! – gritou o produtor. – Podemos levar uma multa imensa do ITC. Você acabou!

Era demais.

– Não brinque comigo! – Hadley gritou de volta até perceber que o produtor não estava gritando com ela, mas com os membros dos Raised By Wolves, que também estavam levando uma bronca de seu empresário.

– Seus idiotas! – gritou. – Podem dar adeus ao especial de Natal. Íamos ter um coral de crianças e tudo, agora não vai mais acontecer.

– Foi só uma brincadeira – murmurou o vocalista. – Tipo, estávamos sendo anárquicos, selvagens, loucos. – Ele jogou as mãos para o ar para mostrar o quão anárquico, selvagem, louco era.

– Já deu – Hadley disse para ninguém em particular, porque ninguém a estava escutando. Muitas pessoas com pranchetas na mão corriam em volta, mas somente a maquiadora veio em direção a Hadley, com um pincel para limpar o brilho.

– Meu Deus, você está mais vermelha do que antes – engasgou-se. – Vou buscar a base.

Hadley foi atrás dela até a sala de maquiagem, onde calmamente reuniu os acessórios Louis Vuitton e vestiu o casaco.

– Aonde você vai? – uma das figurinistas perguntou. – Você tem de estar de volta em trinta segundos.

– Já acabei – disse Hadley, com a voz tão rouca quanto a de alguém com o hábito de fumar quarenta cigarros por dia. – Já acabei absoluta, completa e totalmente.

– Mas você não pode... – a maquiadora continuava segurando o pincel. – Ainda temos quinze minutos de programa e o ato final de música e dança.

– Não é problema meu – decidiu Hadley, abrindo a porta. Se quiserem me processar, então deverão entrar em contato com meu advogado nos Estados Unidos.

Chovia lá fora. Gotas grossas a ensoparam assim que saiu pela porta e se encontrou em um pequeno beco.

Não fazia a menor ideia de onde estava. Um carro a trouxera aqui, e ela tinha presumido que um carro a levaria de volta.

O Sr. C-C soltou um ganido de desaprovação quando pingou chuva em seu focinho, e sacudiu a maleta de transporte ao mergulhar para longe da tela de arame.

– Não sei por que *você* está de mau humor! – Hadley disse irritada. – Não é como se você tivesse acabado de se demitir da indústria de entretenimento e não fizesse ideia de como voltar pra casa.

Ela começou a subir pelo beco em direção à estrada e no meio do caminho decidiu que as botas estavam incomodando. Não conseguia mais andar com meros saltos de sete centímetros.

Hadley sentou em um degrau, tirou as botas e as colocou embaixo do braço antes de ir em direção às luzes. Procurou em vão pelo brilho laranja de um táxi livre. Sempre existiam os ônibus. Já havia andado de ônibus uma vez com a Laura quando estava muito bêbada, e não foi uma experiência que gostaria de repetir.

Hadley jogou para trás um tufo de cabelo ensopado impacientemente, enquanto um carro parava lentamente onde ela estava.

Já tinha visto um episódio de *Law & Order* sobre pedestres, e sua saia *era* um pouco curta. Mas não tão curta. O motorista se inclinou para abrir o lado do passageiro e Hadley estava pronta para gritar com ele. Começara a ficar muito boa nisso.

– Entre antes que a chuva te leve – disse uma voz que ela não conseguia reconhecer por causa do barulho da chuva. – Vamos, princesa, você está ensopada.

Reed. Confusa, Hadley espiou o interior do carro. Reed a encarou de volta, tamborilando impacientemente no painel.

– Uau, que estranha coincidência você passar por aqui assim. Não sei nem onde estou – ela disse.

– Waterloo – respondeu Reed. – E não é coincidência. Estávamos assistindo ao programa. Era óbvio que alguma coisa ruim ia acontecer, então nós decidimos vir.

Por que fariam isso? E exatamente quem eram *nós*? Hadley cerrou os olhos furiosamente, e Candy se encontrava lá no banco de trás, falando baixo no telefone. Estava escuro demais para ver sua expressão, mas Hadley apostaria qualquer coisa que seria uma expressão desdenhosa.

– Bem, poderia ter economizado a viagem, porque saí antes do fim do programa – sibilou Hadley, recompondo-se para que pudesse começar a andar, e Reed não deveria dirigir ao lado dela com uma porta aberta, porque era muito perigoso.

– Hadley – disse Reed com a voz exasperada. – Está frio, e chovendo em proporções bíblicas. Você está sendo mais louca do que o normal. Então entre no carro antes que eu te coloque à força.

– Pare de reclamar e entre no carro! – Candy gritou de repente. – Está chovendo na gente!

Ele tinha razão, decidiu Hadley, e cambaleou sem a menor elegância até o assento. Levou um instante para se desenrolar das alças de suas bolsas e fechar a porta. Mas já estava se encostando no assento com um suspiro agradecido, que rapidamente se tornou um ganido quando a jaqueta jeans molhada tocou o couro. Que sorte! Ficaria com gripe, que se tornaria pneumonia, e arrumaria uma conta de hospital enorme antes de morrer.

– Só para deixar claro – disse Reed ao ligar o carro –, viemos para ver se você estava bem e depois gritar com alguém, provavelmente com Ross, se não estivesse. Você está bem?

– Estou – Hadley respondeu automaticamente, cavando na bolsa para tirar o telefone que estava tocando, vibrando e brilhando. O número de Derek brilhava garbosamente. Hadley desligou, abriu a janela e jogou-o na rua.

– Você podia simplesmente ter recusado a chamada – Reed disse moderadamente, virando para a esquerda. – Tem certeza de que está bem?

– Já disse. Estou bem – respondeu Hadley, começando a chorar em seguida.

# Capítulo vinte

Reed e Candy foram supergentis a respeito. Tipo, em relação ao choro. Apesar de Hadley ter soluçado até chegar em casa.

– Meu Deus, nem a mamãe chora tanto quando está bêbada – Reed sibilou para Candy, ao pegar as bolsas de Hadley, com o Sr. C-C latindo furiosamente durante toda a operação e levá-la pelas escadas.

– Ninguém chora tanto quanto a mamãe – Candy declarou enfaticamente, destrancando a porta e chegando para o lado para que Hadley pudesse correr e se jogar no sofá. Hadley não estava gostando das lágrimas mais do que Reed e Candy.

Chorar nunca havia lhe rendido nada além de um olhar vazio e indiferente do pai e um "parc e desista" de Amber, seguido por um beijo para dar ênfase. "Não aja como um bebê grande", dizia. "Ninguém tem tempo para as suas frescuras."

Mas Reed e Candy tinham tempo enquanto Hadley se encolhia no sofá com uma almofada abraçada ao peito.

– Todo mundo me odeia – soltou. – Não aguento mais!

– Você estava bem – Candy garantiu alegremente. – Manteve a calma, mas só assistimos até o primeiro intervalo. O que aconteceu depois disso? Por que saiu correndo?

Reed surgiu e jogou uma toalha para ela.

– Seu cabelo... – murmurou vagamente, gesticulando com a mão. – Hum, está vazando.

Hadley esfregou a cabeça e olhou confusa para a mão manchada. A coloração rinse de cabelo estava querendo sair, e deixando linhas amarelas sujas sobre tudo em que pingava.

– Estou nojenta – anunciou Hadley abalada, olhando em volta à procura de um lenço, enquanto seu nariz decidia começar a escorrer também. Como eles conseguiam olhar para ela sem franzir o rosto, não fazia ideia. – As pessoas gritam comigo na rua, todo mundo viu meus peitos, e todos pensam que sou uma v-a-d-i-a sórdida e idiota.

– Ora, vamos, Hadley – disse Reed ajoelhando-se diante dela para que pudesse pegar uma de suas mãos congeladas. – Tudo vai parecer melhor pela manhã... Por que uma de suas bolsas está tocando? Pensei que tivesse descartado o telefone violentamente.

Hadley levantou a cabeça, depois caiu novamente no sofá.

– É meu Sidekick – entoou. Era mesmo. Parou de tocar durante três segundos, depois começou novamente. – Deve ser o Derek, e não posso falar com ninguém. Reed, você pode se livrar dele?

Ela fechou os olhos ao ouvir Reed atender o telefone.

– Hadley não está disponível agora – disse secamente. – Não, sou só um amigo. Desculpe, ela liga de volta – acrescentou Reed, ignorando os gestos violentos de Hadley. Assim que terminou a ligação, o Sidekick começou a tocar de novo.

– Desligue – implorou Hadley. – Nunca mais falo com ninguém!

– Então, o que aconteceu? – perguntou Candy, sentada de pernas cruzadas no chão; estavam seus enormes olhos azuis fixos no rosto de Hadley. – Provocaram outra cena? Porque aquela primeira foi um pouco baixa.

– Não quero falar sobre isso. – Hadley fechou os olhos porque agora Reed estava sentado na cadeira em frente, cruzando casualmente as longas pernas e olhando-a fixamente, como se ela fosse o entretenimento da noite, e ele não fosse desistir até fazer valer o seu dinheiro. – Por que as pessoas não me levam a sério?

Era para ser uma pergunta retórica, mas Candy já estava lá com uma resposta.

– Porque você é muito engraçada, Hadders. E nem sabe o quanto é engraçada, o que deixa mais engraçado ainda. Você é como uma personagem de desenho animado real.

Hadley piscou rapidamente.

– Não sou. Sou um ser humano e tenho sentimentos, emoções e tudo mais.

– Aí está! – entoou Candy, apontando um dedo acusatório. – É exatamente disso que estou falando. Você é como um cruzamento de *Legalmente loira* e *As patricinhas de Beverly Hills*. Sério, quem escreve suas falas? Duvido que você consiga inventar isso sozinha.

Hadley cerrou os olhos. Não tinha lido as *Obras completas de Shakespeare*, ou o que fosse. Isso não fazia dela uma pessoa burra. Não significava que ia ficar ali deixando Candy humilhá-la.

– Você é grossa e maldosa, Candy. Só porque participou de uma porcaria de um *reality show* com seus pais *punks* e pinta o cabelo de preto, não significa que você seja legal! – irritou-se, levantando e passando os nós dos dedos na testa franzida de Candy. – Só faz de você um faniquito ambulante com uma garota pequenininha anexada.

– Não sou pequena! – Candy gritou tão alto que todos os cachorros da vizinhança deviam ter ganido em solidariedade. O Sr. C-C começara a latir, mas antes que Hadley pudesse dizer que Candy estava fazendo uma ótima imitação de uma pessoinha tendo um faniquito, sentiu uma mão pesada no ombro e virou-se, testemunhando o olhar mais reprovador que já tinha visto em Reed. Se ele a encarasse mais severamente, as sobrancelhas cairiam.

– Acho que deve se desculpar com a minha irmã depois de ela ter se interessado em saber se você está bem – disse em um tom que Hadley supôs que esmoreceria meninas mais fracas.

Hadley se afastou dos dedos pesados de Reed para que pudesse pegar o Sr. C-C, que estava atacando a mesa de centro. Ele realmente tinha perdido todas as habilidades de socialização que o psicólogo de cachorro de 500 dólares a hora havia ensinado.

– Espere sentado – respondeu docilmente. Sua irmã é a pessoa mais mimada que já conheci e você precisa parar de se meter em assuntos dos outros fazer a barba de vez em quando.

O silêncio estarrecido foi pontuado por um rugido de pura raiva de Candy, mas Hadley não ia ficar esperando em uma corrente de palavrões altos. Saiu da sala, com os olhos abaixados, mas ainda ciente do olhar fulminante de Reed.

Correr para o quarto não era o ideal, em termos de plano de ação, principalmente porque bateu com o dedo ao entrar, mas Hadley descobriu que bater a porta com força era imensamente satisfatório. O Sr. C-C se acovardou para baixo da cama enquanto Hadley ficava ali, com os punhos cerrados. Teve um impulso de jogar a cabeça para trás e gritar, ou de começar a socar qualquer superfície vertical com os próprios punhos. A emoção era muito perturbadora. Era disso que todos falavam quando diziam que a raiva era algo muito negativo.

Em vez disso, colocou-se na posição de lótus na cama e tentou alguns exercícios de respiração. Hadley até procurou visualizar o terceiro olho, apesar de ele estar se provando bem esquivo. Do lado de fora da porta, podia ouvir Candy gritando, mas era mais volume do que palavras. Apesar do que conseguia entender ("..., aquela maldita *vagabunda*... Sou alta o suficiente para me tornar policial... Estou aqui...") ser o modo clássico, faniquito de Candy. A porta da frente, de repente, se abriu e fechou, o que significava que o apartamento estava vazio e que Hadley tinha mais opções de fuga.

Cuidadosamente colocou a cabeça para fora, a fim de se certificar de que a barra estava limpa, bem a tempo de ver Reed indo para cima dela, quase tropeçando em um par de sapatos de Laura.

– Vamos ter uma conversa – rugiu, alcançando Hadley antes que ela tivesse tempo de bater a porta na cara irritada dele.

– Saia daqui! – gritou, num tom que saiu ganido, em vez de ameaçador. – Você não mora aqui e não manda em mim, então saia!

Reed não ia a lugar nenhum. Hadley se viu colocada contra a parede, com as mãos de Reed uma em cada lado de sua cabeça, deixando-a sem estratégia de saída.

Exibiu os dentes em algo que não era remotamente parecido com um sorriso. De perto, sim, Reed era bonito com sua mandíbula bem definida e boca carnuda, mas também era assustador, porque a mandíbula estava cerrada e a boca curvada em desdém.

– Qual é o seu problema? – perguntou, como se fosse a pergunta mais razoável do mundo. – Qual é o seu problema, diabos?

As pessoas nunca se aproximavam tanto de Hadley. Não estava em seu contrato. Seus olhos desviaram-se para a esquerda, e se ela pudesse simplesmente escapar por baixo do braço dele... mas assim que pensou a respeito, ele a pegou novamente pelo ombro. Hadley olhou para os dedos de Reed se flexionarem como se ele desejasse que estivessem em seu pescoço, para que pudesse sufocá-la até a morte.

– Se não parar de me tocar, vou processá-lo por assédio. – Teria sido intimidante, se não estivesse com a voz tremendo como uma criança hiperativa brincando com o videogame da dança.

– Meu Deus, Hadley, tudo que sai da sua boca é ridículo – Reed disse suavemente. – Como é que consegue sequer se vestir sozinha?

– Não sou ridícula. Estou falando sério. – Mas ao ouvir as próprias palavras com sua voz infantil, elas soavam sem força. Hadley tentou outra vez. – Tudo bem, fiz algumas coisas ridículas desde que cheguei, mas sou uma pessoa séria. Sou, tipo, uma artista séria.

Era difícil quando tinha de improvisar as próprias falas. E não parecia que Reed teria boas críticas.

– Você é falsa – disse com a mesma voz suave, o que era pior do que quando rosnava.

E a única coisa que conseguiu em retaliação, muito esganiçada, foi:

– Já não tinha dito que estava tendo um dia péssimo?

A mão de Reed apertou o ombro de Hadley enquanto ele fungava desdenhosamente.

– Você é inacreditável. Chora sem parar porque se humilhou em uma porcaria de programa, no qual ninguém te forçou a aparecer. E daí, grande coisa. Se essa é a pior coisa que já te aconteceu, princesa, meus parabéns. Vá em frente e pague suas dívidas, trabalhe de verdade e pode conseguir um pingo de solidariedade de mim.

– Você não sabe nada a meu respeito – Hadley disse mansamente, porque parecia que qualquer barulho a quebraria. – Nada.

– Sei muito sobre você, porque está lá cada vez que compro um jornal – insistiu Reed, abaixando a cabeça de modo que seus lábios estavam a milímetros dos dela enquanto a castigava. – Tenho certeza de que a maior tragédia da sua vida foi quando achou que seria uma boa ideia tirar a blusa para um oportunista, e isso acabou se voltando contra você.

Tudo o que Hadley podia fazer era ficar ali espantada, enterrando as unhas nas palmas ao olhar nos olhos frios de Reed.

– O tipo ingênua não cola mais. Hora de dar um giro de realidade... – ele continuou.

O mundo real era uma droga, uma droga, uma droga e cheio de pessoas prontas para vendê-la, se Hadley não os vendesse primeiro.

– Não sei como – a voz de Hadley estava tensa e vibrante com algo sombrio que sequer reconhecia. – Não me formei no segundo grau, para sua informação, nem *fiz* o segundo grau. Não tive baile de formatura. Não namorei. Não fiz nada além de aparecer todos os dias às oito da manhã no estúdio e ficar lá durante catorze horas seguidas...

– Não vejo o que isso tem a ver com...

– É, porque, cara, há muita coisa que você não vê a meu respeito – Hadley disse com aquela voz terrível, de cujo som não gostava nada. – Todos os dias fingia ser uma garota americana bem-comportada com uma família feliz, independentemente das porcarias que aconteciam na minha vida. E acredite em mim, foram muitas. Então não me diga que sou falsa e que não paguei minhas dívidas. Paguei por elas com a *droga* da minha infância.

Hadley estava tremendo tanto que Reed era a única coisa que a segurava, enquanto ficava ali com cara de que alguém o atropelara com um dois por quatro.

Hadley invocou cada migalha de força para empurrá-lo; seus dedos se curvavam na lã macia do casaco dele por breves instantes antes de ir em direção à porta. A meio caminho, virou para esticar o dedo na direção de Reed enquanto ele a encarava cansado.

– Posso não ter vivido em um prédio de apartamentos sem elevadores e piolhento de Nova York, ou feito mochilão pela Europa com outros riquinhos, mas estava ocupada demais ganhando a vida. E, só para deixar claro, era muito boa nisso. Divertia as pessoas. Fiz com que se apaixonassem por mim e não ganhei nada além de um monte de gente tentando me usar, como aquele "oportunista" que dopou minha bebida até que eu desmaiasse para depois ganhar uma grana em cima.

Reed se engasgou, com os braços flácidos pendurados, enquanto dava um passo para trás. Ficou pálido em uma fração de segundo, o que teria sido interessante se Hadley tivesse acabado de enquadrá-lo. Mas não tinha.

– Pare de me encher o saco, porque você pensa que sabe tudo a meu respeito. Bem, você não sabe, então pode digerir isso enquanto sai daqui, porque se não tiver ido embora em um minuto, vou chamar realmente a polícia.

Reed passou por ela, a manga esbarrando no braço, mas então virou a cabeça para que ela pudesse ver de perfil a sua expressão angustiada. Ela precisava ser lapidada.

– Meu Deus, Hadley, mil desculpas... – começou impotente, procurando as palavras como se o inglês não fosse sua língua nativa. – Eu não... pensei...

– Por que ainda está aqui? – Hadley fechou os olhos, porque realmente não conseguia olhá-lo por mais nem um segundo.

Apenas quando ouviu a porta da frente se fechar delicadamente atrás dele, Hadley conseguiu jogar a cabeça para trás e soltar um grito longo e doloroso.

# Capítulo vinte e um

Hadley ainda parecia estar gritando quando acordou no dia seguinte. Era muito estranho ter essa raiva borbulhando dentro dela como um caso sério de refluxo.

Hadley queria jogar, esmagar e rasgar todas as suas posses mundanas (exceto as botas Prada) até que o quarto combinasse com a paisagem destruída dentro da sua cabeça. Mas para isso deveria sair da cama. E ela jamais voltaria a sair da cama. De que adiantava? Não adiantava. Sua vida não tinha propósito, foi o que Reed dissera.

Só de pensar no nome dele Hadley começava a apertar os molares de obturação cara. Ele era a primeira pessoa que ela já havia odiado, apesar de odiar o fato de dar a Reed uma distin ção que ele não merecia. Ela se virou de um lado para o outro por um tempo, chutando o nada porque até a colcha a irritava; em seguida, entrou em um sono irregular, que foi interrompido por alguém abrindo a porta e sentando em sua cama.

Com um resmungo furioso, Hadley se sentou e viu Candy na cama, parecendo o gnomo vil que ela realmente era.

Hadley cruzou os braços e se apoiou contra os travesseiros.

– Sai da minha cama e do meu quarto – disparou com uma voz tão má que surpreendeu até ela mesma.

Candy se moveu levemente, mas inclinou o queixo para demonstrar que estava no seu humor petulante de sempre e não planejava ceder tão cedo.

– Ouça, você disse algumas coisas, tudo bem, eu definitivamente falei algumas coisas e Reed disse...

– Você planeja chegar ao ponto em algum momento antes, tipo, do Natal? – Hadley perguntou friamente, empurrando de volta as cobertas para que pudesse agarrar o braço de Candy e levantá-la. Que bom que Candy era realmente minúscula. – Nunca mais quero falar com você. E certamente não quero falar sobre o seu *irmão*. – Depois, ela ficou satisfeita por ter conseguido dizer a palavra como se "irmão" fosse um código secreto para "serial killer" ou "pessoa mal vestida com problemas de odor pessoal".

– Mas Hadders, você está sendo... – Candy protestou, inquieta em suas garras.

– Nem mais uma palavra! Aliás, não a quero nem olhando para mim ou respirando perto de mim.

Foi um pouco melodramático, mas também não era como se Hadley vivesse no mundo real para saber melhor das coisas. Era incrível saber como o que acontecera ainda a incomodava.

Candy se soltou das garras de Hadley.

– Bem, se for ficar desse jeito, então vá se danar! – rosnou, voltando ao normal. Ela era tão previsível, o tempo todo. – Não vou nem mostrar os jornais de hoje.

Em termos de castigo, era muito aleatório, então Hadley simplesmente deu de ombros.

– Não ligo para os jornais de hoje. Ou para os de ontem – acrescentou. – Não quero mais saber.

Assim que falou isso, Hadley percebeu que não estava simplesmente querendo irritar Candy. Era realmente verdade.

– Desisti – ela disse pela sétima vez. – Derek, de mais quantos outros jeitos você quer que eu diga? Acabei, me aposentei, estou abrindo mão do show business.

– Mas você viu os jornais de hoje? – Ser demitido deve ter causado um curto circuito no cérebro de Derek, porque ele não estava ouvindo uma palavra do que Hadley dizia.

– Não, porque não estou interessada. Estou, tipo, me livrando do fardo da celebridade.

– É, que seja, e eu falei no telefone com o produtor executivo de *A vida começa às nove e meia*, no telefone assim que acordei – Derek entoou alegremente.

Hadley fez uma careta para o Sr. C-C.

– Sinto muito ter abandonado o programa, mas ei! Espere aí. Na realidade, não sinto. E eu ia enviar uma cesta de muffins, mas agora penso, por que deveria? Armaram para cima de mim e deixaram aquela banda de idiotas cabeludos me humilhar. As pessoas podem pensar que sou falsa, mas não sou. Tenho sentimentos e eles foram seriamente feridos ontem à noite, Derek.

– Eu sei – ele disse. – Eu sei e não vou nem dizer que avisei, porque águas passadas não movem moinhos. Mas adoraram você, querida. Mesmo antes do incidente sobre o qual não vai mais falar. Chamaram-na de gênio cômico...

– Mas não estava sendo engraçada!

– E o clipe de sabe-o-que-mais é o vídeo mais assistido do YouTube hoje – Derek concluiu. – Agora, ainda quer abandonar?

– O que é YouTube? – perguntou Hadley, mas Derek não tinha concluído.

– E querem assinar um contrato com você pelo resto da temporada. Eles estão *implorando* por um pouco mais de Hadley, e preparados para pagar muito bem. Acho que consigo fazer com que acrescentem mais um zero.

– Não quero porque estou aposentada. Cansei de viver minha vida sob os holofotes da mídia e do ódio de pessoas que sequer me conhecem. É tudo superficial e inútil – disse Hadley. Cada vez que dizia isso, sua decisão se fortalecia.

– Não há mais ódio – insistia Derek. – Só amor. Está tudo prestes a mudar. Posso sentir. Um dos suplementos de domingo vai fazer uma matéria, um perfil íntimo e bacana, e eu disse que ligaria para você hoje para pegar algumas declarações e...

– Não, Derek, não! – disse Hadley, esfregando a testa com a mão. – Sabe quando fazíamos aquela coisa? Aquela coisa em que recusava porque queria que você voltasse e pedisse mais dinheiro? Aquela coisa?

– Ah, sim, dias felizes – Derek suspirou. Havia nele uma dose de sarcasmo inoportuna e totalmente desnecessária.

– Isso não é aquilo – disse Hadley. – Isso é uma coisa nova; quando digo que não quero fazer alguma coisa é porque não quero fazer. Derek, por favor, preciso que me respeite.

– Respeito – Derek disse suavemente. Suavemente demais. – Por que não almoçamos na segunda, por minha conta? Vou levá-la ao Nobu e podemos conversar sobre sua declaração de aposentadoria. E antes disso, quero que escreva uma lista do que pretende fazer com o resto da sua vida.

– O que quer dizer? – perguntou Hadley.

– Bem, se não quer ser uma superestrela, então deve ter outras opções profissionais em mente. Conversamos na segunda. Até mais tarde, querida!

Derek tinha um bom argumento. Mais ou menos. Hadley estava tão ocupada se demitindo que não tinha pensado em como iria passar o resto da vida. Sua saúde era ótima, então não havia razão para que não vivesse até os cem anos.

Hadley se espalhou no sofá, com o Sr. C-C no colo, para preparar a lista. Candy tentara entrar para assistir à televisão, mas abandonou a ideia quando o Sr. C-C ligou o modo de ataque. Ele realmente era um pequenino "cheio de respeito", às vezes.

Quando Irina entrou com uma bolsa Balenciaga caríssima e diversas sacolas com adesivos de aeroportos, foi um alívio muito bem-vindo. Escrever uma lista de futuros planos de carreira se provou mais difícil do que Hadley imaginara.

– Você precisa investir em bagagens adequadas – disse a Irina enquanto a outra menina colidia contra o chão. – Estas sacolas não transmitem a impressão correta.

– Espero até me darem mala de graça – bocejou Irina, esticando os longos membros como alguma criatura exótica das profundezas do oceano. – Estou cansada e com fome. Pedir pizza, tá?

Irina e Hadley tinham um acordo. Em troca de aulas sobre utilização do micro-ondas, Hadley dava os telefonemas para pedir pizza de quatro queijos e asas de frango, pois Irina se confundia com o sotaque italiano do cara da pizzaria.

– Você por todos os jornais outra vez – Irina disse depois, com a boca cheia de massa e queijo. Ofereceu um pedaço a Hadley, mas estava nadando em gordura, então recusou educadamente. Um dia Irina acordaria do tamanho de uma casa e com a carreira de modelo arruinada. – Se um homem sacudisse o pênis para mim, eu causaria grandes estragos. – Cerrou os dentes para ilustrar o argumento e Hadley estava a ponto de perguntar para Irina o que *exatamente* ela queria dizer com grandes estragos, quando a porta da frente se abriu e as duas ouviram Laura gritando com alguém no telefone.

– Bem, se ele quer que eu faça, então vai ter de repensar o tamanho do mostruário! – dizia irritada. – Não sou trinta e seis, jamais serei trinta e seis, e não vou fotografar uma sessão em um dos seus vestidos que deixará meus peitos expostos.

Irina revirou os olhos com tanto vigor que suas pupilas desapareceram completamente.

– Ela é tão gorda! – falou veementemente, enfiando outra fatia de pizza na boca enquanto Laura esticava a cabeça pela porta.

– Ouvi isso – disse entredentes. – E sabe quando estava sendo uma chata naquela sessão dos sapatos? Contrataram a mim para a campanha de inverno, então, obrigada.

Um dos dedos de Irina lentamente se moveu para a posição vertical enquanto soltava uma corrente de coisas em russo que provavelmente continham um linguajar que mesmo os não russos achariam ofensivo.

Laura sequer se mexeu, mas ficou parada com as mãos nos quadris, com o nariz enrugado em sinal de desgosto.

– E não deixe sua caixa vazia de pizza no tapete. Ponha. Na. Lata. De. Lixo. Você é uma bagunceira nojenta, Irina.

– Achei que tivesse ouvido sua voz, vadia! – Candy entrou na sala, e com todas as meninas chegando e se ajeitando, estava começando a parecer com uma encenação ruim de *Nossa cidade* executada por um grupo amador.

– Acabei de voltar – Laura disse distraída, olhando para os lenços engordurados e com ossos descartados de galinha, como se eles estivessem lhe causando imensa dor. – Você está bem?

– Não, estou longe de estar bem – sibilou Candy, lançando um olhar afiado para Hadley, que retribuiu com interesse. Odiar alguém era na realidade bem divertido. Quem poderia imaginar? – Precisamos conversar – Candy disse com a voz baixa e arrastou Laura para fora da sala.

Irina as viu saindo, depois se voltou para Hadley com sua expressão de escárnio mais exagerada.

– Você liga e pede outra pizza agora?

Candy pegou a sala primeiro na manhã seguinte. Provavelmente acordou junto com as galinhas (não que houvesse muitos galos cantando em Camden) para pegar o lugar. Até cobriu quase toda a superfície disponível de assento espalhando os jornais de domingo para que quando Hadley surgisse pronta para assistir *Popworld*, pudesse lhe lançar um sorriso convencido.

– Abriria espaço para você – disse com uma doçura tão falsa quanto um tubo de aspartame –, mas teve todo aquele discurso "não olhe para mim, não respire perto de mim".

– Mas você tem o maior quarto – explodiu Hadley, tremendo com a injustiça da situação. Ainda achava muito difícil conter o mau humor. – Não tenho nem armário, então deveria poder ficar por aqui quando quiser.

– Que *seja* – entoou Candy, esticando-se no sofá voluptuosamente. – Saia daqui, *Tristedley*, sua voz esganiçada me dá dor de cabeça.

Candy tinha muita sorte por Hadley ser uma pessoa gentil, que não cederia à vontade de entrar no quarto da outra menina e arrancar cada pedaço de tecido e estampa lá. Em vez disso, Hadley se contentou em desenhar espinhas e sobrancelhas na fotografia de Candy que estava presa no quadro de avisos da cozinha. Era uma pena não haver uma empresa que fizesse bonecos de vodu e entregasse no domingo.

Não havia nada para fazer além de se esconder no quarto e preparar a lista até o cheiro de café (café de verdade, feito com grãos e não uma jarra de vidro) entrar sob a porta e a batida suave de Laura soar em sua porta.

– Reunião de apartamento na sala em dois minutos – Laura disse casualmente, como se uma reunião de apartamento não fosse nada de mais. – Tem algumas coisas para comer na cozinha.

A bancada da cozinha parecia o bufê de café da manhã do Four Seasons. Havia variedades de pães, fatias brilhantes de salmão defumado com rodelas de limão e tubos de cream cheese, assim como uma cesta de croissants e pães de chocolate. Hadley podia se sentir aumentando dois números no manequim só de sentir o cheiro da comida. Encheu uma vasilha com salada de frutas e foi para a sala, onde Irina e Candy estavam sentadas, uma em cada ponta do sofá com expressões amotinadas combinadas e pratos cheios.

– Só estou aqui pela comida – disse Irina, pegando um pão. – Depois saio.

Candy assumiu em ar martirizado que parecia tão falso quanto seu cabelo.

– Estava tentando ver televisão – resmungou para ninguém em particular antes de colocar um pão de chocolate na boca.

Laura apareceu com um pão com salmão defumado. "Teria de correr quinze minutos a mais só para queimar o cream cheese", Hadley pensou consigo mesma. Além disso, supermodelos em potencial não tinham desculpa para ter o dedão do pé escapando de um buraco na meia, mas Laura simplesmente se sentou com graça em uma das almofadas do chão e declarou aberta a reunião inaugural do apartamento.

– Certo, pessoal – anunciou firmemente. – Todas nós trabalhamos muito duro e temos que viajar bastante, e quando chegamos em casa, parece que uma bomba explodiu aqui. Então acho que a primeira coisa que precisamos fazer é ter uma discussão civilizada sobre o que está acontecendo de errado.

As torneiras se abriram em um rio de acusações e contra-acusações. Sim, Candy podia fazer o que quisesse no próprio quarto, mas todas elas já haviam se espetado com alfinetes de suas experiências na confecção de vestidos. Além disso, era egoísmo de Laura deixar a roupa na máquina de lavar e desaparecer para outro continente durante dias e dias. E Irina deixava pratos gordurosos com linguiça neles, mas se se recusava a apontar para o próprio problema, então Hadley não iria para a forca por passar tempo demais no banheiro.

– Tenho o menor quarto – destacou naquela que parecia a milionésima vez. – E não tenho condições de ir para um spa, então vocês estão todas sendo muito irracionais. E NUNCA deixei espuma de sabão na banheira. Nem sei o que é isso.

– Bem, meu quarto também é ínfimo! – Laura exclamou irritada. – Mas não sinto a necessidade de passar três horas me hidratando ou o que quer que você fique fazendo lá.

– Não posso acreditar que queiram me privar do meu santuário e não vejo razão para que eu tenha de limpar a banheira – Hadley só faltou choramingar. – Não sou como as outras pessoas.

Houve um escárnio por parte de Candy, mas ela tentou transformá-lo em tosse.

– Não posso fazer nada em relação à vigília de Hadley no banheiro, mas há uma solução simples para todo o resto.

Três pares de olhos a encararam com expectativa.

Candy mordiscou um croissant enquanto a tensão se acumulava lentamente. "Ninguém deveria ficar com uma aparência tão convencida enquanto ingeria tantas calorias!", Hadley pensou irritada.

– Vá em frente, cuspa de uma vez! – irritou-se Laura. – A solução, não o croissant.

– Bem, dã, Irina e *Tristedley* se mudam e nós duas cobrimos o resto do aluguel. – Candy lambeu os dedos delicadamente. – Ligo para a agência amanhã e peço para resolverem.

– Não me chame de *Tristedley*. – Hadley bateu com o cotovelo no braço de Candy e assistiu com satisfação enquanto um montinho de geleia pingava lenta, porém precisamente, em sua camiseta. Já estava manchada por uma experiência desastrosa com alvejante, então não havia motivo para Candy começar a gritar como se seu primogênito estivesse sendo assassinado. –

Acho que sua hostilidade é resultado de ser tão pequena. Deveria conversar sobre isso com seu terapeuta. – Hadley percebeu que estava fugindo do assunto. – E não vou me mudar. Não tenho condições financeiras. Londres é a cidade mais cara do mundo depois de Zurique. Mude-se você.

– Eu cheguei primeiro – Candy disse presunçosamente. – Não vou ceder.

– Chegou cinco segundos antes de mim. Você que se mude e leve junto suas roupas horrorosas – disse Irina. – Eu não saio. Este apartamento é conveniente para West End, aeroporto e aluguel barato.

– Não posso me mudar – protestou Candy, esfregando em vão a mancha de geleia enquanto fixava o olhar em Hadley. – Conceptua e minha mãe se juntaram contra mim e eu só posso ficar em Londres se morar no apartamento aprovado pela agência.

Hadley reconheceu sua deixa.

– Então volte para Nova York – sugeriu alegremente. – Ajudaria a fazer as malas, exceto que não posso, pois não gosto de você.

– Eu jamais deixaria minha mãe me dizer o que fazer – Irina acrescentou sombriamente. – É tão infantil.

Candy estava emitindo um ruído que nenhum ser humano deveria ser capaz de emitir. Soava um pouco como se alguém estivesse tentando ligar um quadriciclo atolado em um buraco. Hadley observou curiosa enquanto Candy abria a boca e tentava formar palavras.

– Meu Deus! – Laura gritou de repente, jogando uma almofada pela sala. – Tudo bem, arrumamos uma faxineira, mas antes temos de lidar com essa porcaria porque a tensão neste apê está horrorosa.

Hadley queria se abraçar de alegria. Sentia falta de empregados que arrumassem seus armários, organizassem seus sapatos segundo o tipo, certificassem-se de que os rótulos de seus vidros de esmaltes apontassem para a frente...

– ...esse cachorro roedor horroroso...

Hadley recobrou-se de sua fantasia de uma maleta de maquiagem impecavelmente organizada para a realidade de Candy apontando um dedo acusatório para o Sr. C-C, que estava tentando matar uma rosquinha agarrando-a com os dentes e sacudindo a cabeça violentamente.

– Não faça isso, meu amor – entoou Hadley. – Você sabe que não pode comer açúcar.

Esticou o braço e o pegou no colo dando-lhe um beijinho na boca.

– Hadders, que falta de higiene – condenou Laura.

– Na realidade, saliva de cachorro é mais limpa do que de gente – informou Hadley. – E o Sr. C-C é um pelado mexicano, então não solta pelo. Sério, ele é o cachorrinho mais perfeito do mundo, não é, meu amor?

– Ele baba em todo lugar – Candy disse com voz baixa e sombria. – Ele é vil e late demais; ontem o peguei tentando urinar na lixeira da cozinha.

Hadley tapou as orelhas do Sr. C-C para que ele não precisasse ouvir os insultos de Candy.

– Ele faz as necessidades lá fora e tem um ótimo temperamento, a não ser quando é provocado.

– Gosto do cachorro – intrometeu-se Irina. – Nunca me ataca, talvez só tenha bom gosto.

– Está dizendo isso porque Hadley é a sua única aliada na casa – sibilou Candy. – Não quero mais o cachorro aqui. Aposto que se chamasse meu advogado para olhar nosso contrato de aluguel, ele encontraria uma cláusula proibindo animais.

Hadley não podia acreditar no que estava ouvindo. Tudo o que pôde fazer foi engasgar-se, indignada, até ficar tonta.

– Encoste um dos seus dedos minúsculos no Sr. C-C e eu te

processo – ameaçou, pois Candy era apenas uma celebridade de reality shows e não tinha o poder de emitir decretos. Além disso, se havia alguém que não deveria ficar no apartamento...

"Estou cheia do seu irmão ficando aqui e ocupando espaço no sofá, usando nossa água quente e, tipo, nosso oxigênio" – engasgou-se.

Ao menos Candy se calou. Difícil falar quando a mandíbula estava quase caindo no chão.

– E ele é inteiramente grosso e desrespeitoso e fica aqui o tempo todo e não paga aluguel – continuou Hadley, aquecendo-se no tema. – O Sr. C-C tem mais direito de ficar aqui e cheira muito melhor.

Quando Reed estava bancando o juiz, júri e carrasco para cima dela, até cheirava bem – cítrico com pimenta. Não que tivesse prestado muita atenção na hora. E não havia a menor chance de Hadley deixar a verdade impedi-la de irritar Candy.

– Ouçam, isso não está nos levando a lugar algum – suspirou Laura. – Precisamos parar de deixar o ódio fluir e encontrar uma maneira de vivermos juntas.

– Ainda tenho muito que desabafar! – rosnou Candy, visivelmente irritada pelas críticas ao idiota do irmão. – Irina é horrivelmente grossa e, se eu tiver que voltar a ouvir Hadley ganindo com aquela vozinha de criança, vou arrancar minhas orelhas.

– O problema é você – Irina declarou serena. – É uma garotinha muito barulhenta. O tempo todo cria confusão e tem ataques!

– Vai deixar falarem comigo assim? – Candy perguntou a Laura, que havia tido a péssima ideia de fazer uma reunião de apartamento. – Deveria ser minha amiga!

– Estou tentando ser neutra, como a Suíça – Laura insistiu fracamente. – Não odeio ninguém – ponderou. – Só desgosto intensamente de Irina.

– Que *seja* – disse Irina, como se o fato de ser intensamente odiada não fosse um problema. – Você roubou meu vestido Lanvin, apesar de ser gorda demais para caber nele.

– Bem, você afogou meu iPod em uma xícara de café! – gritou Laura, com o rosto vermelho de raiva.

Irina deu de ombros e nem tentou negar.

– Isso foi fora do apartamento, não conta.

Hadley apertou mais o Sr. C-C balançando a cabeça para a frente e para trás enquanto Irina, Laura e Candy brigavam em um riacho infinito de "mas você disse, então eu falei..."

Tudo acabou em esperneios e "tudo bem". "Certo, tudo bem." E um último "Tudo bem, que seja!". Hadley se viu sozinha na sala, com o som de portas batendo ainda ecoando em seus ouvidos. "Ia ser muito desagradável morar com outras três meninas que se detestavam", pensou. Mas, pelo lado bom, a televisão era toda sua agora.

# Capítulo vinte e dois

Hadley fez um esforço para ir ao almoço com Derek. Tinha até conseguido encontrar um cabeleireiro de última hora para cuidar das suas raízes, apesar de ter abandonado o louro platina de sempre por um tom mais suave, cor de mel, que não precisava de tantos retoques.

Seu modelito Marc Jacobs de tribunal deixava bem claro que não estava para brincadeira enquanto beijava o ar sobre a bochecha de Derek e se sentava na sala privativa. Ele obviamente antevia lágrimas e ataques.

Derek a olhou cuidadosamente.

– Você emagreceu – disse afinal. – Seu rosto está um pouco esquelético, mas adorei o cabelo.

Hadley assentiu, concordando implicitamente. Sempre acreditou em Amber quando dizia que ninguém pode ser rico ou magro demais, mas se continuasse com a dieta da sopa, acabaria como Nicole Richie. Além disso, Derek estava pagando.

– Vou querer bacalhau e uma salada com molho Ranch, por favor – pediu ao garçom, sem sequer se incomodar em abrir o cardápio. – E uma Diet Coke com gelo picado, e não em cubos.

– Então, vamos conversar sobre o artigo no *Sunday Style* de ontem – começou Derek, sem tirar os olhos do rosto dela. – Deve ter soado como um certo choque, mas acho que no fim das contas fará muito bem. Ajudar na reparação...

Hadley levantou a mão.

– Não estou lendo os jornais, Derek. Tenho certeza de que disse isso ao telefone. Agora, quer ver a lista que eu andei preparando?

Derek assentiu; sua cabeça lisa e raspada refletia a luz.

– Prossiga, então – disse, como se só estivesse entretendo a maluca diante dele.

– Apenas ignore os corações e as flores – aconselhou Hadley, tirando o pedaço de papel da bolsa. – Sempre rabisco quando estou pensando.

Observou Derek avaliando a lista, as sobrancelhas se erguendo, depois franzindo. Não podia imaginar por quê. Era uma boa lista.

POSSÍVEIS NOVAS CARREIRAS

1. "Personal Shopper".
2. Treinadora de cachorros.
3. Oradora motivacional.
4. Uma daquelas pessoas que organiza seminários para empresários sobre como utilizar técnicas de atuação para deixar suas apresentações menos chatas.
5. Técnica de dieta.
6. Agente imobiliária – verificar se para isso é preciso ter diploma de Ensino Médio.

O que percebera é que havia diversas coisas que poderia fazer com suas importantes habilidades de vida. Sem chances de acabar em um macacão feito com fibras nojentas, arrumando prateleiras.

– Queria perguntar qual é o salário inicial de uma decoradora, pois tenho muita noção de decoração – disse ansiosa a Derek. – Nem todo mundo sabe disso a meu respeito.

Derek tomou um gole de San Pellegrino e cruzou os braços.

– Quanto dinheiro ainda tem? – perguntou, sorrindo levemente enquanto Hadley soltava um "oooh" silencioso de desaprovação. – Sou seu agente, por enquanto, então você está me contando estritamente na base do preciso-saber – explicou. – E aposto que pode me informar até o último centavo.

– Vinte e cinco mil, trezentos dólares e quarenta e sete centavos – disse Hadley. – Verifiquei minha conta hoje de manhã. Mas ainda estou esperando meu dinheiro do *Notting Hillbillies*, você deve verificar isso, e haverá taxas de sindicalização e tudo mais – parou desanimada.

– Isso são mais ou menos 16 mil dólares. Não deveria ter dado todo aquele dinheiro para sua mãe – disse Derek enquanto a Diet Coke de Hadley chegava. – Vai voltar para Los Angeles?

Com a menção a Amber, Hadley claramente hesitou, mas colocou as mãos no colo para que Derek não pudesse vê-las remexendo nervosas.

– Agora não é um bom momento – disse vagamente. – Acho que Londres é um bom lugar para... sabe?

– Não, não sei, realmente não sei – Derek disse suave e rapidamente. – Ouça, Hadley. Você tem dezoito anos e sei que isso a torna uma pessoa adulta aos olhos da lei, mas tenho uma responsabilidade pessoal em relação a você.

Hadley piscou lentamente. As palavras de Derek pareciam ter um efeito naquele lugar de onde saíam as lágrimas, apesar de possivelmente ela estar com alguma coisa nos olhos. Ninguém nunca havia tido responsabilidade pessoal em relação a ela. Sempre fora o contrário.

– É muito gentil de sua parte – começou a dizer, mas agora foi a vez de Derek levantar a mão na linguagem universal dos sinais dizendo "não me interrompa".

– Entendo que queira desistir da fama; já passou por poucas e boas, mas estamos em posição de ganhar muito dinheiro – fez uma pausa para que isso calasse no espírito de Hadley. – Você precisa de todo o dinheiro que puder conseguir agora. Continua sendo Hadley Harlow e este é seu bem mais valioso.

– Derek, estou cansada de ser Hadley Harlow – suspirou. – É como se todos achassem que me conhecem porque viram um dos meus filmes ou uma foto em um jornal. Mas a questão é que nem eu sei quem sou verdadeiramente. Sempre só recebi scripts e fui informada de quem deveria interpretar na semana em questão. Não me sinto como uma menina de verdade. Apenas finjo ser uma, e não estou me saindo muito bem.

*Você é falsa.* A lembrança do comentário de Reed era tão nítida que Hadley se enervou.

– Acho que você não se dá o merecido crédito – Derek disse gentilmente. – Apesar da sua infância, é um ser humano bem gentil. Tegan mandou agradecer o vestido, aliás.

Hadley o olhou confusa. Como ele sabia alguma coisa sobre sua infância? E quem era Tegan?

– Ah! Assistente Tegan! – Hadley puxou a memória. – Tenho o aniversário de todo mundo no meu Sidekick. – Pausou enquanto o garçom colocava o bacalhau na sua frente. – Não fiz para ser gentil, Derek, fiz porque Tegan tem uma porcaria de emprego com muitos afazeres, mas fará minhas coisas primeiro porque dei um vestido bonito a ela. Viu? Não sou um ser humano gentil, apenas interpretei um na TV.

– Coma o seu almoço antes que esfrie – Derek disse suavemente, pegando o garfo e a faca e conduzindo a conversa para tópicos menos perigosos, como aonde deveria ir nas férias de inverno, ou se Laura e Irina se odiavam tanto quanto o pessoal da Fierce pensava.

Só quando estavam esperando o café, Derek deu início ao segundou round. Colocou um envelope pardo sobre a mesa como se fosse uma bomba relógio.

– É o artigo da *Sunday Style*. Quero que leia! – ordenou implacavelmente. – Não vai gostar. Vai ficar furiosa comigo pela imagem da capa, e o artigo em si vai irritá-la profundamente. E o fato de que já foi divulgado no mundo inteiro só fará com que tenha um ataque. Mas espero que entenda por que fará as pessoas baterem à sua porta. Vá em frente, abra.

Hadley tinha a sensação de que, se não o fizesse, Derek poderia colocar um revólver na sua cabeça. Ele estava com uma expressão decidida da qual não gostava. Cautelosamente tirou a revista e, sim, ele tinha razão.

– Esta não é uma foto aprovada – sibilou, olhando diretamente para o seu rosto em preto e branco, quase sem maquiagem, e com cabelos *escorridos*. – Eu nem paguei o fotógrafo.

– Eu paguei o fotógrafo – Derek disse calmamente. – E não quero que olhe para a foto, quero que leia as palavras.

Ler as palavras levou mais de uma hora. Não só porque algumas eram muito longas e ela não passava de uma garota do Valley que não tinha concluído os estudos. Não, foi porque era difícil ler quando havia lágrimas bloqueando sua visão.

Hadley chegou ao fim do artigo e fechou a revista com as mãos trêmulas, antes de pegar o lenço oferecido por Derek.

Esfregou os olhos enquanto os garçons limpavam as mesas do almoço e preparavam o serviço para o jantar. Derek serviu um copo d'água e esticou o braço para que pudesse acariciar seu pulso.

– Parece o fim do mundo agora, eu sei, mas artigos como este redefinem completamente uma pessoa. Tem de confiar em mim.

– Não posso acreditar nas coisas que as pessoas disseram – sussurrou Hadley, colocando a revista de lado. – Como se eu fosse uma... – Algo em que não queria nem pensar.

– Hadley, querida, você vai me dar seis meses, um ano no máximo, para conseguir que ganhe muito dinheiro, do qual não terá de dar um centavo para a sua mãe, independentemente de quantos filhos ela venha a ter, e, se ainda quiser, pode se aposentar, tudo bem? – Derek apertou o pulso de Hadley com mais força. – Você tem o direito de pelo menos enriquecer.

– Não sei – disse fracamente. – Não estou nem conseguindo raciocinar agora.

– Tudo bem. Eu penso por você – ronronou Derek, inclinando-se para a frente para limpar uma linha de rímel da bochecha dela. – Vou traçar uma estratégia e nos falamos amanhã.

Hadley ficou sentada atônita, com toda a concentração dirigida para forçar a revista de volta ao envelope, de modo que não precisasse mais olhar para ela.

– Preciso ir para casa agora – sussurrou, afinal.

Derek suspirou em rendição, antes de colocar o envelope na bolsa dela e guiá-la por um mar de mesas e garçons de aparência preocupada, como se ela fosse feita do mais frágil dos vidros.

# Capítulo vinte e três

Quando chegou a casa, Hadley jogou a revista no lixo da cozinha, mas dez minutos depois fechou os olhos, respirou fundo e reuniu a coragem de buscá-la.

Era como olhar para aquelas sessões "quando roupas ruins estragam a imagem de pessoas boas" nas páginas de fofoca. Uma parte dela queria virar a página e uma parte com controle de impulsos muito mais baixo não conseguia desviar o olhar.

GAROTINHA PERDIDA

**A ascensão e queda de Hadley Harlow, a estrela mirim mais trágica de Hollywood.**

A manchete na capa brilhava em letras grandes e pretas. Dentro era ainda pior. Hadley tomou um gole fortificante de água enriquecida com cálcio e começou a ler.

> *Era uma vez uma garotinha que vivia em uma bela casa em Malibu, o* playground *dos ricos e famosos. A garotinha tinha uma piscina em forma de coração, uma cama importada de um castelo na França e um armário cheio de vestidos de alta costura.*

*Todo dia um carro preto brilhante chegava precisamente às sete horas e quarenta e dois minutos da manhã para levar a garotinha a um grande estúdio de televisão, onde interpretava outra garotinha que não tinha a casa grande, a piscina, ou nenhum dos outros luxos do estrelato. A outra garotinha tinha coisas melhores: um pai carinhoso, uma mãe amorosa e um cachorro chamado Scamp, que a seguia por onde ia.*

*Bem-vindos ao estranho mundo de Hadley Harlow, a queridinha sardenta e com dentes separados favorita dos Estados Unidos... até a adolescência bater, a bolha estourar e ela ser posta de lado pelo mesmo público que a amou um dia.*

*"Hadley cresceu em um estúdio", diz Marlene Weisman, a diretora de elenco que a descobriu aos três anos quando estava procurando uma criança para um comercial de cereal. "Aprendeu a ler com scripts, ganhou experiência entre as tomadas de gravação e esperava-se que se comportasse como uma profissional aos cinco anos de idade. Em algum lugar no meio do caminho, sua infância se perdeu."*

*Nascida em Encino, Califórnia, filha do barman Mark Harlow e de Amber Spillane, que na certidão de nascimento de Hadley se descreveu como "atriz", apesar de seu maior papel ter sido em uma participação de três capítulos na novela cult "Passions", Hadley Harlow assinou com sua primeira agente quando tinha três dias de vida.*

Hadley olhou para sua enorme foto no set de *A família Starr*. Sua mãe e seu pai na ficção a olhavam orgulhosos enquanto apagava as cinco velas de um bolo de aniversário com cobertura rosa. Mas inserida havia uma foto em preto e branco dela e Amber em um camarim mais ou menos na mesma época. O cabelo de Hadley estava preso em bobes e ela segurava um script, enquanto Amber apontava para a página, com o rosto contorcido de irritação.

– Não quero saber se não consegue ler essa porcaria – Hadley se lembrava de Amber dizendo com frequência. – Vai ficar aqui e aprender estas falas até estarem grudadas neste seu cérebro de ervilha.

Estava ali em preto e branco. Uma história em 3 mil palavras de uma menininha solitária que passava todas as horas do seu dia em um estúdio de gravação projetado para parecer uma casa dos sonhos americana, com uma mãe fictícia que foi demitida quando Hadley passou a chamá-la de mamãe por trás das câmeras também. Uma menina que "era uma mulher de quarenta anos no corpo de uma criança de sete" de acordo com um membro da equipe de *A casa de Hadley* que preferia manter o anonimato. Ah, sim, havia diversas pessoas que participaram, mas não foram nomeadas, e que fizeram fila para relatar os momentos decisivos da vida de Hadley. Da época em que teve mononucleose e Amber pagou um médico que lhe aplicasse injeções de vitamina B para que ela pudesse continuar filmando, até Hadley ser proibida de se misturar com outras crianças no set, caso alguma delas lhe oferecesse uma rosquinha.

> *"Estamos falando de uma garotinha que conhecia os meandros da televisão de trás para a frente, mas não tinha nenhuma capacidade de socialização", recorda um membro da equipe de* A casa de Hadley. *"Nem os Harlow nem o estúdio davam a mínima para as leis que envolviam o trabalho infantil. A menina trabalhava durante catorze horas por dia, dormia no set, e às vezes era trazida no meio da noite para alguma refilmagem de última hora."*

Hadley parou de ler por um segundo para que pudesse correr para o banheiro e vomitar o almoço. Em seguida, se sentou sobre a tampa fechada do vaso, com a revista ainda na mão. Era estranho, pois quando isso acontecia, não pensava muito a respeito. Era simplesmente como as coisas funcionavam. Mas ler, enxergar pelos olhos alheios, era muito, muito doloroso. Como cenas de um filme ruim feito para a TV.

*Então, o que deu errado? Como a maior estrela dos Estados Unidos simplesmente desapareceu de vista entre os catorze e os dezessete anos? E por que ninguém se importou?*

*"A puberdade não foi generosa com Hadley", diz sua antiga maquiadora, Carol Kent. "Tudo o que podia dar errado, deu. Cresceu dezoito centímetros em seis meses, sofreu com acne, perdeu o rosto infantil, mas não a voz. Foi um desastre. Aquela imagem dela nos pôsteres do* Garotinha perdida, *em que os olhos estão arregalados e ela está gritando – é uma imagem icônica. É como Marilyn Monroe no vestido branco. Não há como voltar de uma foto daquelas."*

*Então Hadley Harlow ficou confinada naquela mansão em Malibu, recebendo visitas apenas de nutricionistas, personal trainers e um cirurgião plástico eminente.*

*"Acho que o pior dia da vida de Amber foi quando Hadley menstruou pela primeira vez", confessou Maria Suarez, a velha empregada da casa. "Ela chorou, chorou e disse a Hadley que era culpa dela que sua carreira tinha acabado. Mandava Hadley malhar durante horas por dia e marcou sessões diárias com um terapeuta porque o cabelo de Hadley começou a cair com todo o estresse. Era como viver no meio de uma bomba relógio."*

*A bomba explodiu no escritório do contador de Hadley em 13 de março de 2006, quando funcionários perceberam que seus saldos bancários haviam sido esvaziados da noite para o dia por Mark Harlow.*

*"Mark cuidava dos negócios. Nunca estava presente e, quando estava, não tinha nenhum interesse em Hadley. Acho que nunca o vi falando com ela, quanto mais abraçando", diz Linda Chiarusco, que interpretou a mãe de Hadley nos três primeiros episódios de* A casa de Hadley. *"Hadley se desesperava para conseguir a aprovação dele, mas Mark estava ocupado demais com os negócios – apesar de sempre ter sido Amber a fechar contratos com o estúdio depois que Mark estragava tudo."*

## ONDE FORAM PARAR OS MILHÕES DESAPARECIDOS DE HADLEY?

Era algo que ela também gostaria de saber; sua atenção se voltou para um gráfico na lateral da página, que não fazia mais sentido do que as explicações dos advogados no tribunal em Los Angeles.

Para a porção londrina de sua total humilhação, cavaram Mervyn de sob do buraco no qual ele vinha se escondendo nas últimas semanas. Ele lamentava dizer que ela mesma tinha cavado a própria cova.

*"Sob aquilo tudo havia uma boa menina tentando se libertar, disse. "Mas sua própria ambição atrapalhou. Falar com ela era como conversar com uma peça publicitária. As luzes estavam acesas, as portas abertas, mas a verdadeira Hadley não se encontrava em casa. Em boa parte do tempo você queria sacudi-la, para fazê-la enxergar."*

Terminou com um breve resumo de Lorena Carr, uma ex-estrela da Broadway que conseguiu adiar sua aposentadoria se apresentando como a glamorosa avó de Hadley no programa.

*"Acho que o único momento em que Hadley se sentia livre era na frente das câmeras. Ela acendia. Todos se apressam em julgá-la, mas se esquecem do quanto tinha talento. Hadley tinha um* timing *perfeito de comédia e trazia uma vulnerabilidade aos personagens vazios que seus pais insistiam que interpretasse."*

Hadley levantou a cabeça ao ouvir alguém entrar e se dirigir à cozinha. Ouviu-se o ruído da geladeira abrindo e fechando e os passos abafados antes de uma das portas de um dos quartos se fechar. Forçou os olhos de volta à página.

*"Acho que Hadley poderia ter uma carreira longa e maravilhosa", prosseguiu Lorena Carr. "Talento como o dela surge uma vez a cada geração, mas seus pais nunca reconheceram isso. Tratavam-na mais como um caixa eletrônico do que como uma filha. Acho irônico que Mark tenha sido preso por fraude quando deveria estar na cadeia por abuso infantil. E Amber deveria estar na cela ao lado. Pode colocar a citação."*

Estava chorando novamente, inclinada para a frente no assento, com os braços em torno do corpo para tentar conter os soluços angustiados que lhe subiam pela garganta. Doía tanto. Toda a sua vida, exposta em seis páginas; todos os seus segredos sujos não eram mais segredos, mas abertos a discussões no café da manhã. Havia sorrido para eles dia após dia e não tinha sido suficiente. Queriam sugar suas entranhas e roer os ossos também. Não sobraria nada; apenas uma garota vazia onde Hadley costumava morar.

Demorou um tempo para perceber que alguém estava acariciando-lhe o cabelo. Hadley olhou através dos olhos vermelhos de chorar e viu Irina sobre ela.

– Ei, não vale a pena chorar por isso – disse, com as vogais suavizadas. – Seus pais são drogas, mas você deixa para trás.

Hadley permitiu que Irina a levantasse e a conduzisse de volta para o quarto, onde a enrolou em uma coberta. Cinco minutos depois, o choro diminuiu para soluços escassos, e Irina estava de volta com uma xícara de chá.

– Você leu, Irina?

A outra menina suspirou.

– Está em todos os jornais hoje. Eu volto aqui e tem fotógrafos lá fora. Um deles pergunta se você usa peruca.

Hadley sentia que se preparava para um novo choro.

– Tive alopecia. É um problema de saúde, e estou melhor agora. – Ela viu a revista em sua mão e deu de ombros. – Fizeram-me parecer uma vítima, e não foi bem assim. Foi apenas, tipo... Não sei nem como foi. – Hadley lutou para se levantar, apesar de não fazer ideia sobre aonde queria ir. Seus planos de fuga foram bloqueados por Irina, que sentou e enrolou os braços ossudos ao redor dos ombros de Hadley.

– Você vai superar isso – disse, como se fosse um fato. – Você vai provar para todos que eles falam demais. Você é melhor que isso. – Acenou uma das mãos, descartando a revista, que continuava presa à mão e à mente de Hadley. – Dê para mim.

– Não, quero... – Hadley continuou segurando a revista com a força, mas Irina já estava lhe soltando os dedos.

*Riiiiiipppppppp*! Irina rasgou a revista ao meio.

– Pronto – disse com satisfação. – Não existe mais. Aconteceu. Foi uma droga. Agora esqueça!

Irina podia ganhar uma fortuna em Hollywood com sua terapia de "amor duro". Sob o olhar de aço da outra menina, Hadley se viu sorrindo fracamente.

– Acho que preciso começar a focar as coisas positivas – disse. – Não sei ao certo quais são agora.

– Tem um dia para ter pena de si e comer sorvete, ou o que vocês meninas fazem, depois acabou. Negócios como sempre, tá?

Hadley tomou um gole de chá, apesar de Irina ter usado o chá ruim e o deixado forte demais. Mas não ia resmungar ou pedir uma rodela de limão, não senhor. Irina estava sendo estranhamente doce, mas não duraria para sempre.

Mas durou o bastante para que Hadley terminasse o chá e Irina começasse uma onda de reclamações contra Laura e Candy, que atingia novas proporções de xingamentos. Hadley podia sentir as pálpebras pesando enquanto Irina dizia que "aquelas duas vacas mimadas não durariam dois segundos no inverno de Moscou. Congelariam no lugar e ninguém se importaria".

Hadley bocejou e fez um ruído evasivo para demonstrar que estava ouvindo, mas não fazia ideia do que Irina falava.

– Tudo bem, eu vou. – Irina se levantou enquanto Hadley se cobria. Só quando ouviu a porta se fechar foi que começou a chorar outra vez.

# Capítulo vinte e quatro

Pelo menos seus cabelos não caíram dessa vez. Ficaram presos à cabeça de Hadley, enquanto o resto da menina estava confinado no apartamento.

Nunca mais sairia outra vez, para ouvir pessoas gritando novas variações de como a odiavam e sobre como era perdedora. Além disso, os *paparazzi* estavam acampados na entrada. *Outra vez.* Ao menos Candy ficou tão irritada com representantes da imprensa de pelo menos seis países tocando a campainha o dia inteiro que foi para um hotel.

Irina e Laura também não estavam muito presentes, então Derek mandou Tegan para passear todos os dias com o Sr. C-C e comprar suprimentos emergenciais de sopa do Sainsbury. Estava tudo funcionando bem; Hadley podia ficar na cama ou deitar no sofá, olhando sem piscar para o Canal Hallmark até o dia em que morresse.

Derek tinha outros planos. Apareceu no nono dia de repouso. Num instante Hadley estava assistindo a uma maratona de *Project Runway*, no seguinte Derek entrou e jogou uma pasta sobre ela.

– Essa é a sua nova agenda – informou. – Vá tomar banho e se vestir, você tem uma reunião no Canary Wharf em duas horas.

Hadley inclinou a cabeça de modo que ainda conseguisse ver a tela da TV.

– Não vou – murmurou mal-humorada. – Não faço mais reuniões.

Se tivesse utilizado este tom com Amber algum dia na vida teria levado tapas na cara e sido obrigada a fazer terapia cognitiva intensiva. Mas Derek simplesmente a levantou, com cobertor e tudo, e a colocou por cima do ombro.

– Tive muito tempo para pensar sobre o que deu errado antes – ele disse.

– Ponha-me no chão! – Hadley gritou, porque o mundo não parecia melhor de cabeça para baixo.

– Você mandou e eu tentei obedecer – Derek continuou, como se os gritos e esperneios de Hadley não tivessem a menor importância. – Mas agora eu dou ordens e você só vai fazer o que eu mandar, sem questionar. Tudo bem?

– Não, não está tudo bem! – Hadley respondeu irritada, enquanto Derek a deixava na porta do banheiro. – Como ousa me tratar assim?

Derek parecia ousar e não dar a mínima. – Você está irritada – resumiu com um sorriso divertido. – Isso é bom. Tive medo de que a catatonia pudesse ser permanente. Eu mesmo poderia colocá-la no chuveiro, mas acho que transgrediria uma dúzia de leis de assédio sexual. – Hadley o encarou enquanto a empurrava pela porta. – Não deixe de lavar atrás das orelhas.

Hadley bocejou e esfregou os cabelos gordurosos. Talvez fosse mais fácil fazer o que Derek mandou. Evitava que ela precisasse pensar sozinha. Isso nunca parecia acabar bem.

Três semanas depois e Hadley continuava bocejando. "Fuso horário era um horror!", pensou arrasada enquanto esperava a maquiadora trazer duas latas geladas de Diet Coke para colocar sobre os olhos a fim de que estes parecessem menos acabados.

A estratégia de Derek de fazer-Hadley-enriquecer (codinome: Operação Bling) era uma beleza, mas tinha um itinerário muito pesado. Passara um dia voando para a Austrália para filmar mais dois comerciais Quilty-Lux pelo dobro do cachê da última vez, antes de voltar para Londres três dias depois, a fim de não perder a gravação de coapresentadora do *A vida começa às nove e meia.* Tinham acrescentado mais um zero à oferta inicial e arrumaram uma maquiadora com menos atitude para Hadley, então ela assinou até o fim da temporada.

– Hadley, querida, desculpe. O bufê não tinha Diet Coke, mas vou até a sala verde caçar algumas para você – Charli, a maquiadora, disse ofegante na entrada. – Quer que tire os bobes do seu cabelo antes?

Hadley lutou contra as profundezas da cadeira de maquiagem.

– Tudo bem, eu mesma vou – decidiu. – Vou acabar dormindo, se ficar mais um tempo aqui parada.

– Talvez você devesse tentar beber uma delas depois que colocar nos olhos – sugeriu Charli, olhando criticamente para o rosto de Hadley. – Vou enchê-la de hidrante antes de ir. O voo a ressecou como uma passa.

Hadley ficou ali pacientemente enquanto Charli aplicava aquela meleca. A maquiadora falava sem rodeios, o que era um alívio. A maioria das pessoas falava uma coisa, quando na realidade pensava em outra completamente diferente.

E olhe para ela, com o cabelo desajeitado, o rosto cheio de creme, indo para a sala verde. E pensar que ela nunca saía de casa sem maquiagem. Prova do quanto tinha crescido como pessoa.

Havia um armário refrigerado de bebidas cheio de latas de Diet Coke, chamando-a. Mas a missão de Hadley foi distraída por...

– Reed – disse da melhor maneira possível, franzindo o rosto perceptivelmente enquanto ele a tocava no ombro.

Havia imaginado este momento – o reencontro com seu arqui-inimigo. Mas na imaginação estava muito bem vestida, possivelmente com um modelo Gucci, com algum bonitão ao lado, como o cara do filme *Superman*, e Reed estava acabado, vendendo pilhas em uma maleta.

Em seus sonhos, Hadley nunca imaginou que estaria com a cara cheia de hidratante enquanto usava bobes roxos no cabelo. Ou que Reed estaria com um terno Christian Dior Homme e um sorriso despreocupado. Como o detestava!

– Como você está? – perguntou, como se realmente quisesse saber a resposta. – Candy contou que está trabalhando muito.

Como tinham trocado um total de doze palavras nas últimas três semanas ("Acho que vai descobrir que este é *meu* iluminador de rosto da Yves Saint Laurent, o Touche Eclat, na realidade"), Hadley desconfiou que Candy havia transmitido essa pequena informação com um pouco de bile acrescentada.

– É verdade, tenho mesmo – disse secamente, com a expressão vazia, um pequeno truque que havia aprendido quando estava trabalhando com alguém ruim (por exemplo, George) e não queria dar nenhuma deixa.

Reed tinha uma personalidade um pouco mais forte.

– Apareci algumas vezes para ver como estava, lutei para passar pelos fotógrafos, mas não tinha ninguém em casa.

Era uma surpresa desagradável; Reed agir como se estivesse totalmente preocupado com ela. E certamente estava inclinando a cabeça em tom de preocupação, mas Hadley não se dispunha a comprar o que ele estava vendendo. Nem pensar.

– Já disse a você, estou *bem* – insistiu friamente. A face sem expressão não estava funcionando, então tentou um olhar mais forte.

– Bem, é bom vê-la novamente com um humor tão agradável – entoou Reed, voltando ao seu normal sarcástico, porque o santinho não estava enganando ninguém.

Ross Thomas surgiu atrás de Hadley e envolveu-lhe a cintura com suas mãos como uma serpente. Ela estava salva de ter de... não sabia exatamente o quê, mas algo como enfiar o salto do sapato nos pés de Reed.

– Não monopolize minha menina predileta – disse a Reed, que continuava ali, parecendo não ter nada para fazer. – Reed me deu uma dura por causa da situação com os Raised By Wolves – acrescentou. – Até ameaçou contar para a minha namorada sobre nossos jogos de pôquer à noite.

– Sério? – Hadley pôde sentir o lábio superior se curvando e decidindo permanecer assim. – Reed leva as funções de irmão mais velho muito a sério. Mesmo com pessoas das quais não é parente.

Houve um silêncio desconfortável e Hadley fez a descoberta bem-vinda de que se olhasse para Reed por tempo suficiente, ele começava a se encolher deliciosamente, passando o dedo no colarinho como se a temperatura, de repente, houvesse subido alguns graus.

– Você viu aqueles meninos acrobatas que estão no programa de hoje? – Ross disse, de repente, porque o assunto precisava ser mudado urgentemente. – Que pequenos terríveis!

– Ninguém deveria usar tanta lantejoula com tão pouca idade – Hadley disse com pesar, porque, sim, conseguia se relacionar. – Eles estão "pedindo" problemas de identidade sexual.

– Talvez estejam seguros o bastante sobre a própria sexualidade para usarem lantejoulas – disse Reed, com o que pensava ser um sorriso campeão, o que não era.

Hadley revirou os olhos.

– É, que seja – disse. – Ross, vamos conversar sobre o script?

Era uma boa maneira de informar a Reed que ele estava sobrando. E apesar de seus outros defeitos claros, ele pelo menos conseguia entender uma deixa.

– Tudo bem, então nos vemos depois do programa – ele disse. Ross era seu amigo de pôquer, então por que ele estava olhando para Hadley?

– Vocês dois deveriam dar um beijinho e fazer as pazes, qualquer que seja a briguinha – Ross disse depois que Reed saiu. Hadley precisava falar com ele sobre solidariedade entre coapresentadores e sobre não meter o nariz onde não era chamado, mas Charli estava chegando.

– Ah, você est´aí? – disse com uma voz exasperada, trazendo uma escova de cabelos enorme e redonda. – Quanto tempo demora para arrumar duas latas de Diet Coke? Quero você na cadeira agora mesmo.

Hadley se deixou ser arrastada, Diet Coke esquecida, de modo que não precisasse pensar na expressão preocupada de Reed por mais um segundo.

E durante todo o programa, independentemente de estar conduzindo microginastas pelo estúdio ou entrevistando uma estrela de filme espanhola com inglês sofrível, estava ciente dos olhos de Reed nela enquanto ficava atrás das câmeras, aqueles olhos grandes, que não eram nem um pouco ardentes.

Quando Hadley finalmente voltou para o camarim, havia um aroma poderoso no ar, vindo de um buquê de rosas e lírios na bancada. Hadley tocou as delicadas pétalas brancas e cor-de-rosa antes de fechar os dedos sobre um cartão enterrado na folhagem.

*Adianta alguma coisa dizer que sinto muito? Porque sinto. Vamos jantar para que possa lhe falar pessoalmente. Reed.*

Hadley amassou o cartão antes de arremessá-lo na direção do lixo.

– Belas rosas – disse Charli, ao surgir por trás e começar a soltar o zíper do vestido Cacharel. – Tem um admirador secreto, Had?

– Pode ficar com elas, se quiser – Hadley disse casualmente. – Não são de ninguém importante, e tenho alergia a pólen.

# Capítulo vinte e cinco

– Ele só estava tentando se desculpar – insistiu Laura, entredentes. – Achei fofo. Não precisava dispensá-lo.

Hadley inclinou a cabeça para baixo e arregalou os olhos.

– Pare de falar comigo, estou sendo sua melhor amiga.

Era difícil se concentrar em ser melhor amiga enquanto usava um vestido grudado e estava em pé em uma caixa, porque Laura era assustadoramente alta.

Laura se calou durante um rolo inteiro de filme; a bochecha pressionava a de Hadley enquanto se colocavam com os braços levemente presos. Era desconcertante a maneira como Laura conseguia manter uma pose durante dois segundos, cada centímetro do corpo gritando "top model", em seguida desfazê-la para falar no ouvido de Hadley.

– O que exatamente ele disse para deixá-la tão irritada? – Laura fez beicinho furiosamente, não porque Hadley estava sonegando informações, mas porque o fotógrafo havia acabado de pedir a ela "um pouco de latência, amor".

– Não quero conversar sobre isso – Hadley disse entredentes, tentando sorrir amigavelmente para Laura, apesar de ela estar sendo extremamente irritante. – Muitas coisas muito grosseiras e que machucaram. E ele é irmão de Candy, então isso representa mais um milhão de motivos para não confiar nele. Não acha que tem olhos muito redondos?

– Não – suspirou Laura. – Acho que ele tem olhos lindos e maravilhosos, mas não me aventuraria por aí.

– Tudo bem, vamos fazer um intervalo? – disse o fotógrafo. – Quero fazer uma coisa com as luzes enquanto vocês se trocam. E, quando voltarem, menos fofoca e mais poses, por favor.

Hadley olhou para Laura, que já estava saindo do set.

– Preciso ir ao banheiro, você não imagina o quanto – disse por cima do ombro.

Hadley esperou pacientemente, com os braços sobre a cabeça, enquanto o vestido era tirado, e alcançou um roupão branco para se proteger. Mas Laura tirou o dela, sentou-se em um banco com a calcinha branca de renda, mastigando uma cenoura.

– Você deveria se vestir – sussurrou Hadley, apontando com a cabeça na direção do cabeleireiro e do estilista. – Há homens por aqui.

Laura sorriu e olhou para os próprios mamilos.

– Não são homens – declarou. – São profissionais da indústria da moda. É totalmente diferente.

Era mais fácil olhar para o próprio reflexo no espelho do que para todos aqueles "metros" de carne pálida, curvas e quase nudez de Laura. Hadley afagou cuidadosamente o cabelo; ainda não conseguira se acostumar com o quão estranho estava. No entanto, Derek havia insistido que as coisas fossem feitas assim. E o jeito dele envolvia mudança de visual, ou *piora* de visual. Cílios falsos, bronzeado falso e clarear mais do que um tom de mel os cabelos eram estritamente proibidos.

– Você tem dezoito anos – destacou incisivamente, em face dos gemidos histéricos de Hadley. – É hora de começar a demonstrar a idade que tem, em vez de se parecer com uma festeira de trinta e cinco anos. Sem todos os sinos e apitos, você é muito bonita. – Derek tinha a melhor das intenções, mas era um péssimo mentiroso, porque sem os truques da indústria da beleza, Hadley era tão simples quanto batatas assadas. Por isso Amber havia começado a tingir-lhe os cabelos aos cinco anos, as sobrancelhas e cílios aos seis, e feito com que ela fosse ao dermatologista a cada quinze dias quando completou oito anos.

Hadley até usava roupas prontas agora. Primeiramente quis demitir Derek por ser tão vil, mas agora todas as publicações semanais estavam fazendo fotos sobre o *Novo Estilo Urbano de Hadley*. Além disso era mais barato do que roupas feitas sob medida.

– Suas sardas são tão bonitinhas! – disse Laura, trazendo Hadley de volta ao presente, onde os mamilos da companheira de apartamento eram tudo o que podia ver. – Acho que já estão prontos para nos receberem no set.

Laura se comportou pelo resto da sessão, mas assim que entraram no táxi, começou de novo.

– Então, você e Candy vão fazer as pazes? – perguntou. – Deveria dar uma nova chance a ela. Candy está se sentindo muito mal com tudo isso.

Então Candy tinha uma maneira muito engraçada de demonstrá-lo. Hadley cutucou a mente à procura de algum sinal de que Candy pudesse estar arrependida e não encontrou nada.

– Candy é sua amiga, não minha.

Era verdade. Apesar da reunião de apartamento ter acabado em guerra total, Laura e Candy continuavam amigas que pintavam as unhas dos pés uma da outra e faziam compras juntas. A única razão pela qual Candy não estava fazendo a sessão de fotos melhores amigas era porque ia aparecer em uma revista concorrente no mesmo mês. E os amigos da cidade de Laura estavam fazendo provas, além de "não terem a aparência certa para a revista *Moda*". Aliás, Hadley se encontrava muito abaixo na lista, mas Derek a obrigou a fazer as fotos.

– Ouça, se você e Candy conseguissem ficar no mesmo recinto a atmosfera na casa não seria tão infernal – disse Laura. – Quero dizer, meu Deus, você consegue se dar bem com Irina e ela é a maior chata da Cidade dos Chatos.

– Irina é muito incompreendida – Hadley disse com firmeza. – O problema é o idioma.

– Não, acho que descobrirá que ela é tão chata em russo quanto em inglês. – Laura deslizou sobre o assento para que pudesse agarrar a mão de Hadley e fazer o olhar de cachorrinho bem na cara dela. – Por favor, deixe Candy se desculpar? Por favor? Por mim? Ela está muito chateada com tudo isso. Quase chorou!

Hadley considerou a proposta de Laura por alguns longos segundos, em seguida chegou a uma decisão.

– Tudo bem, aceito um pedido de desculpas dela, mas não quero nada com o irmão.

Laura decidiu desistir enquanto estava ganhando.

– Saiam para comer um sushi – sugeriu. – Você adora sushi, Candy adora sushi: eu detesto porque é basicamente peixe cru; mas viu o quanto têm em comum?

O encontro da paz, como Laura chamava, ocorreu em um restaurante japonês perto do Camden Lock. Hadley vestiu H&M e Candy uma das próprias criações, na qual parecia que ela vomitara laços pretos na frente.

Sentaram-se uma diante da outra em almofadas no chão, em uma mesa longa e baixa, e Hadley não pôde deixar de imaginar se Candy tinha escolhido aquele local porque era difícil ser digna e indiferente quando estivesse se mexendo constantemente para ficar confortável. Candy bateu os *hashis* em saudação.

– Devemos pedir uma bebida antes de escolhermos o prato? – perguntou docilmente, como se estivesse se preparando para interpretar uma boa menina. – Sake?

– Chá verde – Hadley disse curtamente. – Não bebo mais álcool. – E jamais voltaria a beber. Tinha até jogado fora a loção corporal com aroma de champanhe.

Candy mordeu o lábio como se diversas palavras estivessem lutando para sair.

– Chá verde, então.

Candy não parecia tão interessada nos méritos do salmão enrolado no *tempura* sobre *teriyaki* de carne. Estava mais interessada na ideia de que podiam se entender por partilharem o fato de ter uma mãe ruim.

– Minha mãe está delirando – desabafou. – Está perdendo a jovialidade, mas acha que continua linda. E olha para mim, como quem é você e por que é tão pequena? Sabe, ela fumava horrores durante a gravidez, o que explica muita coisa.

Candy olhou com expectativa e Hadley percebeu que era sua vez de dividir alguma anedota da infância que não teve.

– Hum, teve uma vez que precisei montar um pônei para *A casa de Hadley*, mas quando ele apareceu era um cavalo enorme que não parava de bater os pés e tinha coisas saindo do nariz. – Hadley estremeceu com a lembrança. – E fiquei com tanto medo que vomitei para cima, e Amber se irritou tanto comigo por ter atrasado a filmagem que me arrastou para o meu trailer, lavou minha boca com sabão, e me disse que se eu não montasse, ela iria demitir meu diretor favorito. Ele era muito legal, me dava chiclete quando ela não estava olhando.

– Meu Deus – suspirou Candy; seus olhos eram dois perfeitos círculos de horror. – Por que ninguém a denunciou para o Juizado de Menores?

E como Hadley era burra e tola. Tinha entendido mal as regras do jogo. Tipo, deviam estar compartilhando histórias não tão horríveis sobre as infâncias e não tão horríveis sobre as mães, mas ela entendeu errado.

– Foi tudo bem – disse alegremente. – Quero dizer, ajudou a fortalecer meu caráter e me ensinou a encarar meus medos. – Candy não pareceu convencida. – Podemos pedir? Estou com muita fome.

Candy continuava inquieta, mas de um jeito diferente agora. Não como se estivesse ficando com um bumbum dormente, mas como se tivessem lhe dito que só tinha mais três minutos de vida.

– Vamos esperar um minuto – disse. – Na realidade, convidei mais dois amigos para nos encontrarem.

– Então não podemos passar uma hora sozinhas? – perguntou Hadley. – Como isso é se desculpar?

– Vai me agradecer por isso. – Os olhos de Candy procuraram freneticamente pelo recinto; em seguida, seu rosto se iluminou quando a porta se abriu e ela acenou descontroladamente pelo ar. – Aqui, meninos!

Hadley se recusou a virar. Sabia exatamente quem estava vindo e, quando viesse, ela mataria Reed *e* Candy, perfurando o coração dos dois com os *hashis.* Talvez ao mesmo tempo, tão irritada estava.

– Amiga – ouviu uma voz familiar e inesperada se arrastando. – Está linda como sempre.

O sangue nas suas veias resolveu correr, de repente, para a cabeça o mais rápido possível. E em seguida voltar para os pés. Hadley olhou uma vez, só para ter certeza, e pegou um *hashi.*

– Que diabos ele está fazendo aqui? – rosnou.

# Capítulo vinte e seis

Hadley ficou enraizada no lugar, quase paralisada, exceto por um dedo trêmulo apontado na direção de George e Benji.

– Você... – engasgou-se.

George deu de ombros.

– É, sou eu. E pelo visto você continua fazendo drama, Hadders.

Drama, ela? Hadley lutou para se sentar ereta e deixar o rosto composto. Voltou-se para Candy.

– Eu poderia falar com ele, mas os advogados iriam emitir uma medida cautelar. Talvez me deportarem ou me jogarem na cadeia.

– O que eu poderia fazer? – respondeu George. – *E* você me mandou *muffins* normais, o que foi péssimo de sua parte...

– Eram para ser sem gordura. Disse especificamente que tinham que ser sem gordura, porque francamente, você poderia perder alguns quilos na barriga – disparou Hadley. George era definitivamente sua *kriptonita*. Não havia outra pessoa nesse mundo capaz de deixá-la assim.

– Não pensei que isso fosse acontecer – Benji disse a Candy, mexendo as mãos nervoso. – É como um *Celebrity Death-match*, mas em um restaurante japonês.

– Bem, *um* de nós ainda é uma celebridade – George disse

presunçoso, avançando diretamente para o topo da lista de pessoas que Hadley poderia matar, se realmente precisasse.

– Por que ele deveria estar aqui? – perguntou furiosamente, notando que lágrimas estavam brotando de seus olhos novamente. E mesmo inclinar a cabeça para trás e abanar as mãos na frente do rosto não fez com que parasse.

– Ele deveria estar aqui para que vocês dois pudessem resolver as coisas – Candy disse incisivamente, inclinando-se para cutucar George nas costelas. – E tudo aquilo que você falou ao telefone ontem à noite?

Mas George olhava fixamente para Hadley. Afinal, nunca a tinha visto sem o bronzeado artificial.

– Ela está chorando – disse desnecessariamente. – Está toda pálida e cheia de *sardas* e, meu Deus, o cabelo. Hadders, você está toda discreta e tudo mais.

Os soluços estavam subindo por sua garganta novamente, e George afundou nas almofadas para que pudesse envolver Hadley em um abraço apertado.

– Não chore, Hadders. Você nunca chora. É forte como botas velhas.

Hadley não se sentia forte como botas velhas, se sentia mole e pegajosa como um frozen yogurt derretido.

– Não suporto toda essa energia negativa – soluçou. – Deveria estar descobrindo quem eu sou de verdade, mas, ao que tudo indica, o meu eu verdadeiro é muito sensível.

– Pensei que só eu tivesse notado – Candy murmurou baixinho, enquanto George abraçava Hadley apertado. Tinha braços surpreendentemente fortes.

– Ouça, Hadders, tive de combater fogo com fogo – explicou. – E tenho um assessor muito melhor do que o seu. Não foi nada pessoal.

Hadley lutou para se livrar.

– Mas e a medida cautelar e todas aquelas entrevistas que

você deu para a imprensa sobre mim? – engasgou-se indignada. – Nunca soube ser discreto.

– Então eu estava com raiva? Pode me culpar? – George perguntou, jogando a franja para trás para dar ênfase. – Vamos encarar os fatos, Hadley, você sempre teve inveja de mim.

Tudo o que Hadley pôde fazer foi se engasgar novamente.

– Nem pensar! Por que diabos eu teria inveja de você?

Candy bateu os *hashis* para chamar a atenção deles, não que adiantasse alguma coisa.

– Pessoal, pensei que fossem dar beijinhos no ar e fazer as pazes.

– Você sempre foi má comigo em *A casa de Hadley* – prosseguiu George. – Você sempre bagunçava minhas deixas para que eu não roubasse os holofotes.

– Rá! Como se eu fosse culpada de você não saber ser dirigido – sibilou Hadley. – E não pense que não sei que sua mãe se engraçava para os chefes do estúdio para você conseguir mais tempo no ar.

– Isso é uma mentira imunda! Retire o que disse!

Hadley desafiou-o.

– Me obrigue!

– Ah, não me tente, garotinha – rosnou George. Ele era tão gay e ela deveria ter falado em voz muito alta, porque eles três a encaravam como se ela quisesse organizar um linchamento na Trafalgar Square.

– Mas você *é* gay – disse Hadley. – E age como tal. Como alguém algum dia pensou que não fosse, não faço ideia.

– Você age de modo mais gay do que eu – falou George indignado. – Você é tão exagerada quanto uma fileira rosa...

– George, querido, cale a boca. – Benji sorriu para eles e voltou-se para Candy. – Ah, o silêncio é tão lindo, não é? – disse, esticando a mão. – Hadley, prazer em conhecê-la.

Ainda bem que Benji fazia parte de uma boy band, porque com aquela aparência ele não teria muitas outras opções. Parecia uma bonequinha de porcelana com olhos de lebre, feições delicadas e um corte de cabelo que o deixava ainda mais frágil. Como se uma palavra dura ou uma lufada forte de vento pudesse destruí-lo.

– Ah, e a propósito, obrigada por me tirar do armário, vaca – Benji acrescentou após o aperto de mão. Obviamente era mais forte do que parecia.

– Aconteceu – Hadley admitiu, dando de ombros. – Desculpe se lhe causei inconveniências.

– Melhor coisa que já me aconteceu – disse Benji com um sorriso. – Estou pensando em tentar a carreira solo.

– Gay é o novo pretinho básico – Candy observou. Lançou um sorriso presunçoso a Hadley. – Que boa ideia a minha, juntar você e George novamente.

– Não estamos juntos novamente – disseram em consonância.

– Ah, não encham – sugeriu Candy. – É possível tirar a pessoa de Hollywood, mas não se pode tirar Hollywood da pessoa. O que é uma pena.

Hadley sentou lá, com as costas eretas (o que era bem difícil, porque a almofada do chão estava acabando com sua postura), olhos ardendo como os de um gato furioso, mas George, de repente, suspirou e soltou uma gargalhada.

– Não posso mais fingir que estou irritado – riu. – Se eu soubesse o que isso faria pela minha carreira, teria me assumido há anos, desde que fui flagrado pelo diretor do meu colégio aprontando com o atacante do time de futebol.

"George sempre falava demais", Hadley pensou amargamente enquanto ele afagava sua mão em tom conciliatório.

– Ah, melhora essa cara, Hadders – disse ele. – Sinto muito que as coisas tenham ficado ruins para você, mas...

– A culpa foi minha – Hadley concluiu a frase –, porque fui ambiciosa demais, tive fome de fama e publicidade e mereci. Sim, já recebi esse memorando.

Com o canto do olho, Hadley conseguiu ver Candy dizendo silenciosamente "super-rainha da tragédia" para Benji, mas George a abraçava novamente, como se ela fosse um brinquedo em tamanho real que ele tivesse ganho num parque.

– Ouça, eu estava bravo com você, mas quando li a *Sunday Style*, voltou tudo. Pensei que soubesse tudo o que acontecia por trás das câmeras em *A casa de Hadley*, mas na realidade não sabia nem a metade. E as pessoas que sabiam não falavam nada porque você era a galinha dos ovos de ouro delas – George disse mansamente, com o rosto quase bonito, agora que não estava mais com expressão de desdém. – É um milagre você ser apenas vagamente ajustada. E quer parar de parecer triste e tomada pelo remorso? Acabou. Pfft. Agora o mundo sabe que estou aqui, sou bicha, e estou disputando o papel de protagonista no filme do Reed.

Hadley parou de aparentar remorso tão depressa quanto se alguém tivesse desligado o interruptor das lágrimas na sua cabeça.

– Como? – disse rouca, e empurrou George, porque, *hello*, meu Deus. Cerrou os olhos para Candy. – Ah, e quando você estava planejando me contar?

– Reed ama o George, mas não de um jeito gay. – Candy pegou o menu. – Podemos pedir logo? Ver vocês dois me abriu o apetite.

# Capítulo vinte e sete

Hadley não sabia ao certo o que deveria acontecer depois daquilo. Quer dizer, talvez ela e George pudessem ser civilizados um com o outro, se seus caminhos voltassem a se cruzar, o que não era provável, considerando que ela se recusava a ir a qualquer lugar onde pudesse haver público em geral. Mas simplesmente não era o caso. George estava determinado a ficar ao lado dela, como se fosse supercola.

Não conseguia descobrir se era culpa, tédio, ou o impensável – que ele de fato *gostava* dela, mas o que quer que fosse, estava constantemente ao telefone, ou levando-a para festas exclusivamente VIPs, onde ela tomava refrigerante de limão e água e tentava não olhar para ele e Benji se beijando. O que não deveria ser bonito, mas era de uma maneira meio *O segredo de Brokeback Mountain.*

Mas, essencialmente, ajudava George a trabalhar no teste de Reed, no papel de um adolescente fugitivo que se volta para as drogas e para o crime, a fim de bancar a namorada de infância enquanto tentam ganhar a vida nas ruas pérfidas de Londres.

– Ninguém jamais o amará como eu – sussurrou Hadley com lágrimas escorrendo pelo rosto. A sala estava cheia de páginas de script espalhadas e ela e George faziam isso havia horas.

– Estamos aqui e agora, e o futuro é para sempre. Só precisamos nos esticar e agarrá-lo, Jake. Agarrar com as duas mãos.

Hadley queria descartar o script de Reed como artístico e pretensioso, mas estava vivendo o momento. Estava *totalmente* vivendo o momento. E agora ela era Lisa Caruso, vagando por um mundo cruel e impiedoso, recorrendo a drogas e prostituição, e seu namorado estava morrendo nos seus braços.

George se sentou.

– Nossa, você está entrando na personagem.

Ela ignorou suas tentativas de quebrar o clima. Por que não podia se apressar e morrer de uma vez para que ela pudesse ir para o banheiro e chorar em paz?

– Estou atuando. Talvez você devesse tentar – aconselhou.

– Ah, que seja – disse George deitando novamente com a cabeça em seu colo. – O futuro... Pessoas como nós não têm futuro.

– Aí é que você se engana – engoliu o nó na garganta. – Não pode me deixar, não quando...

Ela pausou porque George estava se sacudindo no tapete como se estivesse tendo um faniquito.

– Estou tendo espasmos de morte – explicou. – Sou ótimo em morrer.

– Mas você acabou de ser esfaqueado diversas vezes por um traficante e está todo ferrado. Você acha que teria tanta energia se estivesse sangrando até a morte por facadas múltiplas? – Hadley acenou o script na cara de George. – Aqui não diz nada sobre ter tantos espasmos.

– E nem diz que não posso tê-los – George pausou no meio da tremedeira. – Estou na cabeça de Jake e acho que ele ia se agarrar à vida com o máximo de força possível.

– Mas não é o que diz... – o argumento de Hadley de que Jake estava desistindo porque era um perdedor completo, incapaz de tomar decisões, foi interrompido por uma leve tossida na porta da entrada, onde Candy e Reed estavam assistindo com expressões entretidas. O desdém era genético? Bizarro!

– Reed, quanto você viu? – George perguntou, provocante, o que era totalmente inadequado, assim como o modo como batia os cílios.

– O suficiente. Acho que vimos o bastante. Certo, Candy?

– Com certeza – murmurou Candy. – Achamos que estava tendo um choque anafilático completo.

Foi uma ofensa, mas George estava sentado ansioso.

– Que bom que está aqui – disse, cada molécula do corpo se esticando na direção de Reed. – Adoraria conversar sobre a motivação de Jake.

Reed havia ajoelhado para acariciar o Sr. C-C atrás das orelhas, o que era totalmente errado.

– Bem, seria dar uma vantagem injusta – Reed disse suavemente, apesar de Hadley ter notado que estava com as orelhas totalmente vermelhas. O mais interessante era a maneira como olhava para ela enquanto se ajoelhava no meio do chão. – Oi, Hadley – disse gentilmente.

Não era possível confiar em Candy para fazer com que seu meio-irmão de olhos redondos parasse de tentar interagir com suas colegas de apartamento. Ela estava mais preocupada em folhear as revistas empilhadas na mesa de centro.

– Quem foi que roubou minha cópia da *Vogue Italia*? – perguntou. – Aposto que foi Irina!

Era hora de sumir, porque, com George babando, Candy rosnando e Reed encarando-a, Hadley estava começando a se sentir extremamente desconfortável. Além disso, a *Vogue Italia* de Candy estava encharcada porque ela a tinha derrubado na banheira na noite anterior e precisava esconder a evidência.

Hadley se levantou, virou para olhar para trás e deu de ombros com desdém.

– Eeeca! – ganiu alto o suficiente para que Candy tapasse os ouvidos em protesto. – Estou cheia de carpete grudado.

Foi uma desculpa fraca, mas ei, as pessoas esperavam que fosse superficial. Agora tinha pretexto para sair da sala, parando apenas para pegar o Sr. C-C no caminho. Sua mão tocou na de Reed ao pegar o cão mexicano sem pelos. O dedo mindinho de Reed enganchou no dela por um instante – longo o suficiente para Hadley recuperar o fôlego.

– Não vá – Reed sussurrou de modo que só ela pudesse ouvir, mas Hadley já estava desviando o olhar e saindo da sala.

# Capítulo vinte e oito

– Então, estava pensando em atuar. As pessoas dizem que tenho uma ótima voz, e Benji falou alguma coisa sobre fazer carreira solo?

Hadley reprimiu um bocejo e tentou olhar discretamente para o relógio Gucci.

– Ele não se abre comigo – disse ela, inclinando o copo de suco de *cranberry*, deixando-o com um vermelho ardente ao brilha da vela. Barry Barnett era capaz de fazer qualquer pessoa voltar a beber. Mas ela continuava sóbria e iria falar seriamente com Benji e George por terem armado um encontro com esse completo perdedor.

– Ele é completamente apaixonado por você, Hadders – disseram.

– Não pode deixar que uma experiência ruim com um menino a transforme em celibatária. E mais, Barry não tem inteligência nem para mandar mensagem de texto, quanto mais tirar fotos pelo celular – disseram.

– Certifique-se de ir a um clube privativo – dissera Derek, pois agora Hadley transmitia tudo a ele. – Não sei se ele é bom para a sua imagem, e não quero nenhuma foto vazando.

Então aqui estava, em um encontro arranjado com o companheiro de banda de Benji, e imaginando se era possível morrer de tédio. Barry era bonito, com seus braços musculosos (exibidos por uma camiseta branca), sorriso branco brilhante e cabelos castanhos macios, bastante charmosos. Mas, meu Deus, para os ouvidos era um verdadeiro castigo.

– ...e arrumou um empresário pessoal, e por que faria isso se fosse ficar com a banda? – perguntou Barry, mas não esperou pela resposta de Hadley antes de continuar como o mesmo enfadonho tom anasalado. – Tudo bem para ele, é o andrógino. Tem habilidades múltiplas; mas, desde que fizemos um vídeo em que eu fiz um boxeador, as pessoas acham que sou brigão.

– Certo – suspirou Hadley enquanto Barry pausava para respirar um ar mais do que necessário. – Está ficando um pouco tarde, acha que devemos...

– E também acho que poderia interpretar alguém mais velho, apesar de ter cara de menino, mas também tenho outro lado. Tipo, poderia ser um gângster, mas com um coração de ouro...

Meu Deus, será que não acabaria nunca? Hadley fechou os olhos, depois os abriu e viu o rosto sorridente de Ross.

– Oras, senhorita Harlow, está em um *encontro*? – Ross fez parecer que ela estivesse tendo um comportamento sórdido sob a mesa. Até parece!

– Este é o Barry – Hadley gesticulou para o companheiro, que parecia ofendido pela interrupção. – E estes são Ross e Alicia. – Sorriu para a namorada de Ross, porque ela era muito gentil e bastante generosa com o cartão de desconto da Selfridges. – E estas são outras pessoas. – Aparecendo por trás de Ross e Alicia estavam Reed e, que surpresa, uma menina com cabelos despenteados e rosto esquálido.

– Chegue para lá, companheiro – Ross comandou Barry, que foi forçado a obedecer. – Não conseguimos uma mesa. – Que bando de imbecis.

– Ele até tentou a famosa frase: "sabem quem eu sou?" – Alicia disse secamente, deslizando para perto de Hadley. Lançou um olhar profissional sobre a roupa de Hadley, que consistia de uma bata TopShop com calça jeans. – Adorei o conjunto. Oba, seus sapatos são da Gina?

Alicia era editora de acessórios da revista *Polka Dot*, então sempre tinham muito assunto. Como bolsas, sapatos, joias e lenços e – é verde azulado, ou talvez mais um azul esverdeado. Um pouco celeste com um toque turquesa – Alicia dizia sobre sua bolsa nova quando Hadley percebeu que alguma coisa muito interessante estava acontecendo do outro lado da mesa.

Barry conversava alegremente com a menina despenteada que parecia prestar atenção a todas as suas palavras. E Ross e Reed (parecia título de comédia) estavam em uma espécie de discussão. Reed falava bastante, utilizando os dedos elegantes para enumerar seus argumentos, enquanto Ross assentia em concordância. Hadley ficou imaginando qual seria o assunto, quando Reed levantou os olhos, de repente, diretamente para ela e abriu as mãos, como se estivesse profundamente desesperado.

"Provavelmente imaginando como poderia dizer a George que precisava trabalhar mais o leito de morte", pensou Hadley, enquanto se voltava novamente para Alicia.

Barry foi o primeiro a ir embora, com uma longa explicação a respeito de ensaios de dança na qual ninguém, além da despenteada, prestou atenção, e ela agarrou-se ao braço dele e perguntou se poderia dar uma carona.

Então restaram quatro.

– Aquele cara – disse Ross, apontando por cima do ombro para Barry. – Pode conseguir coisa melhor. Diabos, até os Raised By Wolves seriam uma evolução.

– Fui forçada a vir a um encontro arranjado – protestou Hadley. – Ele não fazia nada além de falar sobre si mesmo. E *me* acusam de ser autocentrada. Tipo, nem um pouco.

– Quem a acusa de ser autocentrada? – perguntou Reed. Hadley poderia ter estapeado o olhar indignado do rosto dele. Ele era, tipo, o principal suspeito.

Contentou-se com um azedo:

– Bem, sua irmã, para começar. – E, de repente, Ross e Alicia tiveram de ir "porque prometemos passar em um lançamento e vai ser chato demais para vocês dois". Houve um ruído de casacos, a conta foi paga e eles já estavam saindo antes que Hadley sequer pudesse perguntar a Alicia se a esfoliação de algas estava de pé na sexta-feira.

Então restaram dois.

Hadley poderia simplesmente se levantar e sair, mas Reed já estava se sentando do lado dela, apesar de haver um assento perfeito para ele do outro lado da mesa.

– Recebeu meu presente? – perguntou, olhando para o rosto dela como se precisasse examiná-lo na manhã seguinte.

– Sim – respondeu curtamente. – Dei para a minha maquiadora.

Reed considerou a resposta por um instante, antes de dar de ombros. – Está realmente determinada a me odiar, não está? Por que não desembucha todas as coisas horríveis das quais vem me xingando na sua cabeça? Podemos desenhar uma linha e então atravessá-la.

Eram muitas coisas horríveis. Tipo, muitas. "Imbecil de voz estranha e braços de roedor" eram seus preferidos, mas Hadley não conseguia dizer isso em voz alta.

– Tudo bem, significa alguma coisa você ter pedido desculpas, porque geralmente as pessoas não pedem, mas as coisas que me disse foram imperdoáveis.

Reed passou os dedos pelos cabelos já bagunçados, deixando-os ainda mais volumosos.

– Li o artigo na *Sunday Style* e me senti um idiota completo. É um pouco difícil ver a garota do artigo como a mesma garota que dá declarações bizarras cada vez que abre a boca.

– Não dou, não! – irritou-se Hadley, e ele teve a ousadia de rir na cara dela com desdém.

– Acabei de ouvi-la dizer que a pena de morte deveria ser reinstaurada para pessoas que não usam antiperspirante.

Hadley tomou um gole furioso do suco de *cranberry*, que não fez nada para acalmar o nó em seu estômago.

– Tenho sentimentos muito fortes em assuntos de higiene pessoal.

– Você é a garota mais estranha que já conheci – disse Reed, com a voz baixa e íntima, em seguida mudou prontamente de assunto. – Então vamos falar sobre a sua leitura. Com George – acrescentou, diante da expressão vazia de Hadley.

– Ah, isso. Você precisa falar com ele sobre motivação, porque ele está interpretando Jake como se tivesse de salvar o mundo e ganhar a garota em um espaço de noventa minutos. – Hadley franziu a testa, consternada. – Não que esteja interessada em George, ou que me importe. Seu script? Exagerado demais.

Reed se encolheu por um instante lindo para ela, porque nunca se dizia a escritores/diretores que seus scripts eram alguma coisa além de "digno de um Oscar de melhor roteiro".

– Ah – ele disse. – Porque você pareceu envolvida.

Hadley se permitiu revirar os olhos.

– Eu estava *atuando* – explicou gentilmente. – É o que faço profissionalmente desde os três anos de idade.

– Sabe, quando escrevi o script, enxerguei Lisa como uma sobrevivente forte – disse Reed, ignorando o ataque de Hadley, apesar de que deveria ter ficado abalado. – Ela é a verdadeira força no relacionamento. É forte e impenetrável, mas você deu coração e alma a ela. Faria um teste para mim?

Agora foi a vez de Hadley virar e encarar Reed, que não parecia estar brincando. Pelo menos, não de um jeito engraçado. E apesar de Derek dever estar encarregado dessas discussões, decidiu tomar uma decisão executiva.

– Não faço testes – disse grandiosamente. O que não era exatamente verdade. Não *costumava* fazer testes. Mas hoje mesmo tinha feito um teste para o papel de jovem amante de um capitão marítimo para uma série sobre piratas. Tinha ficado surpreendentemente bem de gorro.

Reed não ficou nem um pouco abalado.

– Bem, se encontraria com meu produtor?

– Você teria de falar com meu agente – Hadley admitiu a contragosto, até entender.

"Ah! Ah, você... – não havia palavras, então se contentou em bater no braço de Reed com a bolsa.

– Por que diabos você fez isso? – perguntou ele, esfregando o local onde a bolsa o atingira.

– Isso tudo é parte do seu grande pedido de desculpas. Me oferece a chance de fazer um teste para o seu filme para que eu fique tão grata que o perdoe, apesar de ter sido vil comigo! – Hadley cruzou os braços com força para não bater nele de novo.

– Meu Deus, você é impossível – Reed falou com um resmungo, inclinando-se para a frente, a fim de que pudesse apoiar o queixo na mão. – Acho que você poderia fazer alguma coisa realmente especial com o papel, mas, se você nunca mais falasse comigo, me chatearia, mas preste atenção, princesa, eu superaria.

– Por quê?

– Por que o quê?

– Por que se chatearia se nunca mais falasse com você? – perguntou Hadley. Porque era uma pergunta de 64 mil dólares. – Não é como se fôssemos amigos. Você só é o meio-irmão da minha companheira de apartamento.

Reed reclinou-se e olhou desconfiado para ela.

– Você realmente não sabe por que me chatearia?

Não parecia haver um bom motivo pelo qual a ausência da voz de Hadley fosse causar turbilhões internos em Reed.

– Você é uma daquelas pessoas que precisa que todos gostem dela? – perguntou.

– Não, só algumas pessoas – Reed falou tão baixinho que ela teve de chegar mais perto para escutar apesar do tilintar de copos e o murmúrio de conversas das mesas ao redor.

Hadley não sabia por que estava sussurrando. E por que ele disse "pessoas" como se fosse uma espécie de código secreto. Não era tão burra. Sabia sobre "pessoas" – você as deixa entrar na sua vida, e elas a transformam em um inferno. Ou chegavam mais perto de modo que os joelhos se encostassem, provocando-lhe arrepios nos braços.

– Tenho de ir para casa agora! – Hadley gritou porque sua linha de pensamentos não estava levando a lugar nenhum. Uma cotovelada nas costelas de Reed foi muito eficiente para fazê-lo se encolher para que Hadley conseguisse passar espremida por ele.

Mas, ao pegar a bolsa, Reed também estava de pé e se esticando preguiçosamente. Sorriu repentinamente de uma maneira que a deixou completamente desconfortável.

– Dividimos um táxi, tudo bem? – ele disse e não esperou pela resposta; pegou o braço de Hadley para que pudesse conduzi-la até a saída.

– Mas posso pegar meu próprio táxi...

Reed estalou a língua.

– Pode me chamar de superprotetor, como sei que adora fazer, mas vou levá-la até a porta, querendo ou não.

Era aconchegante no banco de trás do táxi, quase íntimo, mas antes que Hadley pudesse ficar inquieta pensando no que poderia acontecer se houvesse mais esbarrões de joelhos, Reed se sentara a uma distância mais do que respeitável, querendo conversar. Sobre assuntos dos quais não queria tratar.

– Então, teve notícias de seus pais? Deram um escândalo quando viram o artigo na *Sunday Style*?

Hadley cerrou os olhos para ver se Reed tinha algum microfone escondido, mas as linhas suaves de seu terno não pareciam ocultar nenhum equipamento de gravação.

– Minha mãe queria lançar um processo conjunto com outra revista, mas meu agente... achou que não seria uma boa ideia.

Na realidade Derek tinha bloqueado o número de Amber no Sidekick de Hadley, e cuidou pessoalmente da ligação. Hadley assistiu através de paredes de vidro enquanto Derek caminhava furiosamente pelo escritório e Amber discutia com ele no viva-voz. Depois ele socou a mesa algumas vezes, após desligar. E seu pai?

– Aparentemente ele aceitou Jesus Cristo como seu senhor e salvador – fungou Hadley.

Reed deu uma espécie de risada, como se também não achasse tão engraçado assim. – Encontrar Deus na prisão, que original.

Hadley foi forçada a concordar.

– Ele sempre usava o santo nome de Deus em vão – recordou-se. – E não ia à igreja nem na Páscoa ou Natal. – No entanto, agora havia encontrado o caminho do bem e ao mesmo tempo em que "apoiava" Hadley "na cruzada contra o homossexual que destruiu nossos valores familiares", não tinha ficado satisfeito com suas fotos nuas. "Imploro a Hadley que venha me visitar para podermos rezar juntos e tirar o mal dos nossos ossos." Hadley ficou imaginando se a rotina do evangélico que nasceu de novo iria impressionar os juízes da condicional. Certamente, não fazia nada por ela.

– Ah, Hadley, por que não tem ninguém para cuidar de você? – Reed suspirou e, realmente, tinha de parar de ser gentil. Estava abalando completamente o sistema de crença dela.

– Mas agora tenho de ser capaz de cuidar de mim – protestou Hadley, imaginando se seria nojento tirar os sapatos que estavam começando a machucar-lhe os dedos. – Consigo andar com meus próprios pés.

– Você tem dezoito anos – destacou Reed, como se fizesse alguma diferença. – Meu Deus, você só tem dezoito anos. E li aquele artigo e percebi que já passou por uma vida de dor.

– Quer parar de falar daquela matéria estúpida? Tipo, *por favor*. E para sua informação, dezoito anos significa que sou adulta – Hadley explicou, exaurida.

– Quando eu tinha dezoito anos, era completamente desajustado – confessou Reed mesmo enquanto se ajeitava no assento, a síntese do que é ser descolado.

– Não era nada – disse Hadley. – Ser descolado faz parte do seu DNA ou coisa do tipo.

– Quer saber um segredo? – Reed sorriu de um jeito inesperado, quase doce demais para que Hadley conseguisse suportar. – Eu era um *nerd*. Presidente do clube de xadrez no colégio. E participava de olimpíadas de matemática. Ah, que seja. Um *nerd* estilo Seth Cohen e todas as garotas o amavam apesar de ele ouvir rock meloso. – Hadley não conseguiu conter a risada. Então teve de rir novamente até gargalhar ao pensar em um Reed adolescente carregando sua dor emo na manga.

– Eu fazia Seth Cohen parecer o atleta mais macho de um time de beisebol – insistiu Reed. – Não fui como Candy. Não cresci em Nova York com astros do rock. Depois que meus pais se separaram, fiquei com meu pai em Long Island. Sempre entreguei meus deveres de casa e trabalhava em uma lanchonete da rede de fast-food Subway nos fins de semana.

Começava a enxergar Reed sob uma nova luz. Descobrindo seus segredos, porque ele não estava tentando escondê-los. E ele estava descobrindo sobre ela também, porque durante todo o caminho fez perguntas e ouviu. Tipo, *realmente* ouviu quando ela falou. E só quando estava no meio de sua segunda melhor anedota sobre David Hasselhoff, quando filmavam no parque Six Flags, com seus jogos e atrações ("e eu tinha acabado de tomar um shake de proteína antes de entrar na montanha russa..."), foi que percebeu que ele olhava para sua boca. Hadley, de repente, tocou esta parte do corpo para se certificar de que não estava com o batom borrado, e os olhos de Reed seguiram o movimento do dedo.

Hadley sabia que estava pintando um clima entre eles. O que não conseguia entender era por quê. Ela não fazia o tipo dele; não tinha cabelos despenteados, ou interesse em filmes franceses chatos. Ou uma fibra de mistério e sedução.

Talvez fosse parte da estratégia de tentar fazer as pazes com ela – agindo como se quisesse se mover sete centímetros cruciais pelo banco para que tudo que tivesse que fazer fosse esticar os lábios para se beijarem. Era tudo parte do serviço fazer-as-pazes-com-Hadley. O que era loucura, porque ele nem gostava tanto assim dela. Não de verdade.

Hadley se permitiu um último olhar porque de perto os olhos de Reed não eram tão redondos assim, mas sim órbitas sonolentas fixas nela – como se encará-la fosse uma boa maneira de passar o tempo. Hummm, e perto assim, ela conseguia detectar um leve traço da sua loção pós-barba...

Era hora de rebobinar, porque já havia passado por isso antes. Tinha se deixado levar por um menino razoavelmente bonito, e olha como aquilo acabara bem!

– Pare de me encarar! – exigiu Hadley, deslizando pelo assento para que pudesse agarrar a maçaneta da porta. Não confiava em seu corpo traiçoeiro para não fazer alguma coisa totalmente idiota, tipo cair nos braços de Reed. – E pare de ser legal comigo, está me assustando.

Reed parou de ficar esparramado e se sentou ereto para que Hadley tivesse acesso à sua expressão irritada.

– Só vou ser gentil com você de agora em diante, então é melhor se acostumar – declarou. – E também deve saber que, quando cometo um erro, assumo e tento corrigir.

Era exatamente isso que a preocupava. Exatamente a maneira como Reed pretendia corrigir as coisas, porque o seu comportamento hoje à noite tinha beirado um flerte e só porque ele tinha lido o artigo na *Sunday Style*, não significava que sabia de todos os fatos.

– Não sou fácil – ela soltou. – Aquelas fotos que apareceram... – Hadley balançou a cabeça porque tudo começou a voltar. Acordar em uma cama estranha, ser violada, feita de vítima, e o mundo inteiro achando que tinha sido planejado.

– Tudo bem – Reed disse gentilmente, esticando-se para alcançar sua mão. – Não precisa explicar.

– Sim, preciso. As pessoas pensam que sou uma vagabunda, e não sou. Ele me drogou e me *tocou*, tirou fotos e todo mundo as viu, e não deveria ter sido assim. – Hadley fechou os olhos para o turbilhão de imagens que lhe invadiam a mente. – Deveria ter sido decisão minha quem eu queria que me visse daquele jeito, e isso me foi tirado. Como sempre acontece com tudo.

Estava chorando novamente. Hadley já havia começado a gostar de chorar quando se encontrava sozinha e podia abraçar uma almofada e embarcar na sua recém-descoberta sensibilidade. Não era tão divertido com Reed sentando ao seu lado, vendo as lágrimas arrasando a maquiagem de seus olhos.

– Hadley – ele disse apressadamente, com os braços se curvando em volta do ombro dela.

– Estou estacionado aqui fora há cinco minutos – de repente, a voz do motorista veio pelo interfone. – Vai ou fica, parceiro?

– Ele vai – Hadley decidiu com a voz aguda, enquanto procurava a maçaneta novamente. Precisava colocar o máximo de distância possível entre ela e as mãos de Reed. E sua expressão preocupada. E sua loção pós-barba cítrica. E sua boca, ah, sua boca. – Ele vai. Você vai, certo?

Reed, de repente, riu. A tensão desapareceu como bolhas de champanhe se evaporando em uma taça. Inclinou-se e abriu a porta para ela.

– Você deveria tentar curtir a vida um pouco mais – sugeriu.

Hadley saiu do carro com mais pressa do que dignidade. O motorista de táxi já estava partindo.

– *Estou* curtindo – insistiu. – Estou praticamente numa onda – mas falava com o vento, que levou suas palavras e as carregou pela noite enquanto o táxi acelerava.

# Capítulo vinte e nove

O Sr. C-C estava arranhando a porta enquanto Hadley a destrancava e, por mais que quisesse deitar com uma xícara de chá de camomila e curtir um bom choro, as necessidades do cachorro vinham primeiro. Às vezes ser dona responsável de um animal era uma droga.

Hadley passeou no quarteirão, esperando pacientemente com seu saco plástico nas mãos enquanto o Sr. C-C farejava diversas árvores e postes.

Finalmente, estava novamente em casa, prestes a se encolher no sofá com o chá de ervas e um bolo de arroz, mas irritantemente não conseguiu chorar. Chorar era obviamente como tomar champanhe; quanto mais se fazia isso, mais se queria fazer. Estava chegando ao ponto de talvez precisar ir para a reabilitação a fim de se livrar do vício das lágrimas. Principalmente quando tinha de recorrer a métodos tão baixos como colocar *Dumbo* no DVD e adiantar para a parte em que a mãe ficava presa na jaula do elefante.

Assim que a tromba passava pelas barras para ninar Dumbo, riachos corriam pelo rosto de Hadley como as cataratas do Niagara.

O Sr. C-C olhou alarmado enquanto ela soltava um soluço

engasgado e se encolhia nas almofadas. Não que Amber já tivesse sido trancada em uma jaula por ser louca, mas Hadley se identificava com o filme.

Demorou um tempo para que a campainha interrompesse o festival de lamúria. Hadley ia ignorar, mas quem quer que tivesse decidido aparecer, *hello*, uma e meia da manhã, obviamente estava soltando o dedo na campainha. Hadley foi até o corredor, resmungando a cada passo, e destrancou a porta.

– Tenho certeza de que há uma regra neste apê sobre ir para um hotel após a meia noite... – começou, mas era bem incoerente com as lágrimas e tudo mais. Além disso, não era uma das suas companheiras de quarto com a aparência um pouco arrependida. E sim, Reed.

– Sabia que ainda estaria chateada – disse, e antes que Hadley pudesse explicar que não era a velha chateação, mas uma totalmente nova, ele deu os dois passos necessários para envolvê-la em um abraço.

Na realidade, talvez fosse um carinho. Hadley não tinha certeza. Mas parecia haver muitos sussurros e carícias no cabelo para um simples abraço.

– Agora está tudo bem – Reed ronronou em seu ouvido enquanto a conduzia de volta para a sala. – Estou aqui. – E certamente estava, porque a puxava para o colo dele. Hadley planejava resistir, mas até que foi confortável depois que jogou as pernas por cima do braço da cadeira. Ela era capaz de ouvir as batidas aceleradas do coração de Reed ao apoiar a bochecha no peito dele e permitir que ele limpasse as lágrimas dela com os dedos.

Hadley queria perguntar a Reed por que ele tinha voltado. E queria muito agarrar o controle e desligar o DVD antes que Reed percebesse que ela estava assistindo a desenhos da

Disney sem qualquer motivo. Mas era mais fácil se aconchegar mais a ele até que ele a envolvesse com os dois braços de modo que nada pudesse atingi-la. Afinal de contas, o que quer que a atingisse,teria de passar por Reed primeiro.

– Por que você está assistindo ao *Dumbo*? – perguntou afinal, espiando sobre a cabeça dela para onde o Grilo Falante conversava com um bando de corvos.

Hadley murmurou vagamente, como se quisesse sugerir que o aparelho de DVD estivesse possuído por demônios que controlassem a programação.

– Estava ligado – respondeu. – E não consegui desligar.

– Filmes da Disney são bem interessantes – disse Reed. – *Dumbo*, *Bambi* e até *Mogli* são baseados em uma espécie de distopia freudiana reversa. Com a mãe ausente e a figura paterna substituta ubíqua... A voz de Reed era um cântico agradável e melodioso em seu ouvido. Hadley fechou os olhos para que pudesse se concentrar em como a voz dele soava, e não no que estava falando, e se deixou embarcar.

– Acordou – disse a mesma voz em seu ouvido e Hadley rolou para se ver olhando diretamente para Reed. Na sua cama. No que os jornais de domingo chamariam de uma "posição comprometedora".

– Você... – suspirou horrorizada.

– Você estava morta para o mundo, então a trouxe para cá, mas você é uma pegajosa quando está dormindo – Reed disse rapidamente, rápido demais para o gosto de Hadley. E ela era o oposto de pegajosa. – Não consegui me livrar, então dormi por cima das cobertas.

Hadley olhou para baixo e não só continuava vestindo todas as roupas, como alguém a tinha enrolado na colcha de casimira do pé da cama.

– Sim, mas...

– Fui um perfeito cavalheiro. Mesmo quando você me deu uma cotovelada no olho quando se virou.

Hadley piscou, sonolenta, enquanto processava a informação, antes de decidir que provavelmente nenhum mal havia sido provocado. Contanto que não houvesse evidências fotográficas... Deitou novamente sobre o travesseiro com um suspiro suave, o que os deixou olhos nos olhos.

Nunca tinham estado tão próximos. Em termos físicos, ou até emocionais, ou o que seja. Apesar da fina camada de barba, Reed tinha à pele perfeita; nem um poro aberto ou cravo a vista. E ela seria capaz de matar por cílios tão longos e pretos, que deixavam seus olhos ainda mais azuis. Hadley fez uma anotação mental de que deveria pesquisar na internet provas de que ele usava lentes de contato coloridas.

Obviamente ainda estava sofrendo de estresse pós-traumático, porque não conseguia parar de olhar para Reed. E, diga-se de passagem, ele retribuía o olhar.

– Sabe, na realidade, você é muito bonita. Nunca tinha percebido – ele disse, o que foi gentil da parte dele, apesar de tecnicamente ser mentira.

– Não sou – sussurrou Hadley. – Relaxei. – Parecia o tipo de conversa que deveria ocorrer em volume baixo.

Os dois olharam para a mão de Reed se erguendo no ar, a fim de que ele pudesse aproximá-la do rosto de Hadley.

– Suas sardas são adoráveis – observou solenemente, e em então recuou. – Não estou certo de que é uma boa ideia, Hadley.

Novamente, o clima. Quando começaram a pintar esses climas em que parecia que ele queria beijá-la? E ele tinha razão, havia, tipo, pelo menos quinhentos e quarenta e sete razões pelas quais era uma ideia estúpida. Mas havia dois motivos pelos quais era a melhor ideia de todos os tempos.

Pelo menos uma vez na vida ela queria beijar e ser beijada por alguém, porque os dois queriam, não porque havia um câmera orientando, ou porque havia fotógrafos esperando por uma foto de uma manchete prestes a acontecer.

E o segundo motivo? Hadley podia imaginar a reação de Candy se descobrisse, e foi toda a motivação de que precisava para fechar o espaço e tocar seus lábios nos de Reed.

Hadley sabia beijar. Ou, sabia como beijar de modo que parecesse que era um beijo, mas na realidade só estava mexendo a boca contra a outra, enquanto se certificava de que não havia queixos duplos feios, narizes se esbarrando, ou, eca, cuspe.

Mas na realidade beijar Reed não era nem um pouco assim. Foi molhado, e bagunçado, e ele logo percebeu que Hadley não fazia ideia do que estava fazendo após o toque inicial dos lábios.

Ele sorriu de encontro à boca de Hadley e até isso parecia sexy.

– Deixe-me mostrar o que fazer.

E então mostrou e nada mais importou. Naquele instante, Hadley tinha certeza de que a fama era efêmera e sua carreira simplesmente um ponto de interrogação, mas não se importava. Porque, se pudesse beijar Reed mais um pouco, a vida seria doce!

Beijaram-se até seus lábios doerem, e quando fechou os olhos, restou uma sensação de desfalecimento, que só tinha sentido quando ganhou seu Emmy.

– Bela garota! – Reed murmurou, antes de afastar sua boca mágica. Coçou a cabeça. – Bem, por essa eu não esperava.

E Hadley podia estar bêbada pelos beijos, mas sensata o suficiente para enxergar as letras de um contrato.

– Foi bom ou ruim?

Reed acariciou com o dedo as costas da mão dela.

– Foi bom. Essencialmente. Você está determinada a me surpreender, não está?

– Estou? Você! *Você* é que me surpreende, com seu...

Hadley pressionou os dedos contra os lábios, que continuavam tremendo como na vez em que injetou colágeno.

– Se continuar fazendo isso, vou ter de beijá-la de novo – Reed disse a Hadley e estava se inclinando para ela novamente, pronto para devastar-lhe o sistema nervoso central com os tipos de beijos dos quais uma garota se lembraria mesmo que vivesse até os noventa anos. Além disso, partes dele a tocavam, partes dela, e ela não tinha certeza de era seguro que ele a tocasse daquela maneira.

– Você precisa ir! – exigiu Hadley, simultaneamente sentando e empurrando Reed com força suficiente para que ele caísse da cama e aterrissasse como um ronco abafado. – Agora!

– É, é melhor não apressar as coisas. As coisas estão acontecendo um pouco rápido demais – murmurou Reed quase para si mesmo. – Não somos um par natural, apesar de que isso não é necessariamente uma coisa ruim, mesmo...

Hadley nunca tinha percebido o quanto Reed era tagarela.

– Não somos nada natural! – exclamou. – E certifique-se de que não há fotógrafos por aí, antes de ir embora.

Reed se levantou cambaleante, tentando alisar as dobras da camisa preta, que estava amassada além da capacidade de reparação de qualquer lavanderia que não fosse excelente.

– Você precisa trabalhar nas suas despedidas – disse secamente, puxando o casaco da ponta da cama.

– Gostei dos beijos – assegurou Hadley; em seguida desejou que não tivesse dito isso porque fazia com que soasse fácil? – Mas nem escovamos os dentes e eu tenho coisas para fazer hoje... – interrompeu-se e examinou atentamente as próprias unhas.

– Estou indo – esclareceu Reed. – E te vejo em breve. No seu teste.

Hadley levantou a cabeça de modo que pudesse olhar para

Reed, que parecia assustadoramente com Candy, com o sorrisinho irritante.

– Já disse, não faço testes – Hadley protestou de modo estridente, mas estava falando para as costas de Reed enquanto ele saía com um aceno.

# Capítulo trinta

O teste foi feito em um estúdio em East London dois dias depois. Derek se provou muito sem habilidade em relação ao assunto. Resmungando pela injustiça da situação, Hadley seguiu as instruções detalhadas do roteiro enviado por Derek e apareceu com sua blusa mais simples, jeans mais surrados, rosto sem maquiagem e cabelos presos para trás.

Parecia a garota símbolo dos meninos de rua.

Foi levada à sala de ensaio pela menina despenteada da outra noite, que se apresentou como Assistente Pessoal de Reed (ele tinha uma AP, como assim?). Hadley ficou na entrada por um segundo, olhando o enorme espaço branco; a luz do sol entrava pelas janelas da frente, de modo que não havia onde se esconder.

– Hadley, que bom que pôde vir. Deixe-me apresentá-la a todos – disse Reed, levantando da cadeira. Ele parecia a um milhão de quilômetros de distância do homem que a havia beijado. Além disso, estava usando jeans e um casaco listrado. Reed não usava jeans e casacos de moletom.

Usava terno preto com camisa preta e gravata preta. Era muito diferente.

Hadley percebeu que estava presa ao chão como raiz e olhava para Reed de um jeito que poderia ser mal interpretado como sonhador. Aproximou-se com seu sorriso alegre recém-modificado. (Derek dissera para diminuir um pouco.)

Reed nomeou a uma quantidade assustadora de pessoas para apenas um teste. Hadley tentou lembrar que Bob era o produtor e Terry comandava a escalação do elenco, mas na realidade havia regras para testes e contanto que se lembrasse delas, tudo ficaria bem.

Regra número um: ter um aperto de mão firme. Regra número dois: ter uma saudação singelamente personalizada para cada rosto novo. Regra número três: não atrair a atenção para o fato de que seus jeans surrados haviam custado 400 dólares; e regra número quatro: não se derreter completamente quando fosse beijada na bochecha por Will Vaughn, o hollywoodiano mais bonito e mais interessante desde que Orlando Bloom fez aqueles filmes sobre *hobbits*.

– Você provavelmente não se lembra de mim – Will Vaughn disse timidamente. – Mas passei seis semanas atrás de você no Riverdale High em *A casa de Hadley*.

Droga! Hadley esperou e ouviu alguém falar que Amber o havia demitido por comer bolinhos na frente dela, mas ele estava com os olhos nublados diante da memória "do meu primeiro papel com fala. Tinha de dizer 'mais alguém viu esse cara estranho perto do ginásio depois da reunião?'".

Hadley o encarou com o olhar vazio porque havia tido tantos figurantes nas cenas de colégio e eles não eram autorizados a se aproximar dela sob ameaças de serem expulsos do set.

– Havia sempre algum cara estranho perto do ginásio – disse afinal, e, graças a Deus, Will Vaughn estava sorrindo em concordância.

– Costumavam chamá-la de "Harlow três takes", porque você dava conta das suas cenas rapidinho.

– O que acontecia se você tivesse de fazer quatro tomadas? – perguntou o produtor, de repente.

– Nunca precisei fazer uma quarta tomada – Hadley disse orgulhosa. – Nunca. – Isso soava um pouco convencido e como se ela fosse parte de uma linha de produção. – Mas às vezes tínhamos de fazer muito mais do que três tomadas nos filmes *Garotinha Perdida*. – E isso fazia com que soasse como se pertencesse à TV e não servisse para ser atriz de filmes.

Ninguém parecia estar se contorcendo de horror, mas era difícil perceber com tipos da indústria. Eram muito engenhosos.

– Vamos fazer a cena da morte de Jake – disse Reed, puxando as mangas para que Hadley tivesse uma visão inspiradora de seus antebraços. – Da página cento e treze. Por que vocês dois não param um minuto para verem como querem interpretar?

Hadley secou as palmas suadas nos jeans. O teste não deveria ser nada muito ameaçador. Mas agora estava aqui, ajoelhada no chão com a cabeça de Will Vaughn deitada em seu colo, e lentamente se apavorava.

Aparentemente a nova Hadley era insegura no palco, o que era uma droga. Mas havia algo de íntimo em interpretar para um punhado de pessoas e uma câmera, o que a deixou se sentindo mais exposta do que quando estava em um palco de som ou na frente de uma plateia de TV.

Poderia canalizar os pensamentos para a personagem, que deveria estar arrasada ao pensar em seu único e verdadeiro amor sangrando até a morte, ou poderia engasgar. E a velha Hadley, e a nova também, não engasgava. Engasgar não era uma opção viável.

– Tudo bem, vou dar a deixa – disse Reed de trás da câmera. – Um, dois, ação!

Hadley acariciou os cabelos de Will e se concentrou em abrir a boca.

Cinco minutos mais tarde, Reed disse a eles para parar, e Hadley piscou lentamente ao perceber que o chão estava acabando com seus joelhos e que seus dedos estavam cobertos pela substância que Will Vaughn passava no cabelo de modo que desafiasse todas as leis da gravidade.

Era difícil interpretar as reações da plateia. O produtor fazia anotações em um caderno, o diretor de elenco olhava para os dois sem qualquer expressão facial, Reed mexia na câmera e todos os outros sorriam, mas isso não dava muitas pistas. Hadley sabia que tinha se lembrado de todas as falas porque ninguém havia dado cola, mas era tudo o que sabia. Estava tão concentrada na personagem que, quando olhou para os jeans, esperava encontrá-los com sangue.

– Suponho que não vá fazer nudez, certo? – perguntou um dos engravatados. – Nudez parcial?

A próxima pessoa que visse seus seios nus seria o cara com quem estivesse mantendo um relacionamento longo e dedicado.

– Realmente teria de falar com meu agente sobre isso – Hadley disse docilmente. E se Derek achasse que ela fosse mostrar os mamilos para o papel, então precisava sintonizar a parte pensante do cérebro.

– Ok, ótimo – Reed disse distraído, ainda com o rosto franzido para o monitor da câmera. Olhou para Hadley e lançou um daqueles sorrisos que a derreteriam se ela não fosse forte. – Nos vemos em breve, tudo bem?

Will Vaughn saiu com ela porque era um menino antiquado do sul cuja mãe havia feito um bom trabalho de criação.

– Você foi ótima – garantiu a Hadley. – Impressionou a todos eles. Espero que possamos trabalhar juntos nessa.

– Quando acha que ficaremos sabendo sobre os retornos? – Hadley perguntou enquanto continuavam na entrada.

– Eu já ganhei o papel. O contrato já foi assinado. – Will mordeu a unha ansioso. – Pelo menos, achei que tivesse sido assinado, meu empresário disse que iam enviar até o dia seguinte. Por quê? O que disseram?

Urgh. Atores paranoicos eram os piores, e disso ela sabia. Hadley afagou Will no braço.

– Nada. Só que um dos meus amigos estava concorrendo ao papel, e quer dizer, tipo, foi assim que consegui meu teste. Reed me viu ajudando-o com uma leitura.

– Bem, espero que *você* consiga o papel. Odiei as duas outras atrizes que estão concorrendo – confessou Will, tirando um maço de cigarros do bolso. – Uma delas traiu meu melhor amigo e a outra tem péssimo hálito. Como se fosse boa demais para ir ao dentista.

Era estranho. Seis meses longe de Los Angeles e Hadley já havia se esquecido como todos eram nojentos. Sentia uma certa saudade.

– Bem, foi um prazer conhecê-lo – disse, dando o beijo padrão no ar. – Ou, digo, reencontrá-lo. Desculpe por não me lembrar.

– Não se incomode, *baby*. E falarei bem de você. Sou o nome ligado a esse projeto, me dá um certo poder. Até mais tarde, Hadley.

# Capítulo trinta e um

Não era como se Hadley esperasse que Reed fosse ligar e declarar seu amor eterno ou oferecer o papel. Ou, tipo, ambos. Exceto que esperava e ele não tinha ligado.

Uma semana se passou. Depois mais uma. Socializara com Irina, e foi formalmente apresentada a Javier, o que na realidade significava que tinha sentado no sofá enquanto ele e Irina praguejavam durante uma hora.

Laura chegara havia três horas. Tempo suficiente para que Hadley tivesse compartilhado a história de Reed, mas Laura teria contado a Candy. O que deveria ter criado uma atmosfera Romeu e Julieta, mas não o fez. Era apenas irritante. Principalmente porque a própria Candy estava como uma nuvem negra, o que normalmente significava que Reed aparecia, mas obviamente tanto os beijos quanto o teste de Hadley tinham sido fracos demais para mantê-lo interessado. Não era à toa que seu mundo todo parecia cinza e úmido.

Apesar de que realmente *estava* cinza e úmido. O verão de Londres tinha sido curto demais e agora chovia o tempo todo. Hadley espiou pelas janelas das salas em um sábado de manhã e esperou que Tegan entregasse seus mantimentos semanais e suspirou. A chuva era uma metáfora para sua alma ou coisa parecida. O devaneio de Hadley foi interrompido pelo toque do telefone; Tegan anunciou sua presença tossindo forte.

– Não posso ir ao Sainsbury para você – tossiu ao telefone. – Estou com uma gripe horrível.

– Coitadinha – entoou Hadley, porque ela era ótima em fazer papel de solidária. – Espero que esteja deitada.

– Estou me sentindo um lixo completo – Tegan confessou enquanto Hadley se encolhia. Tegan era uma garota legal, mas tinha uma tendência a compartilhar em excesso.

– Então, outra pessoa da Fierce pode fazer minhas compras, por favor? – perguntou Hadley, olhando para a chuva com desgosto. – Ou, tipo, pedir na internet? Será que entregam em uma hora? Estou quase sem pão de soja e linhaça.

Fez-se uma pausa enquanto Tegan engasgava. Hadley torceu para que os germes não pudessem passar pela linha telefônica.

– Derek disse que você pode fazer suas próprias compras agora – informou Tegan. – Disse que você tem de olhar no olho do público britânico e também quer vê-la no escritório às quatro da tarde.

– Não posso sair, está chovendo! – Hadley não teve de fingir o espanto. – E por que tenho de olhar o público britânico no olho quando me odeiam? E o que o Derek quer num sábado à tarde?

– Hadley, falar machuca muito a minha garganta – disse Tegan. – Coloque um boné ou coisa parecida. – E com esse conselho, teve a ousadia de desligar. Hadley certamente falaria com Derek sobre ela.

Dessa forma, vestiu o casaco Miu Miu, porque tinha acabado o picadinho de carne do Sr. C-C, e abriu a porta da frente com cautela. O Sr. C-C também não estava com o melhor dos humores. Olhou para a calçada molhada e prontamente se sentou no tapete.

– Nem pensar, senhor – Hadley estalou a língua ao colocar a coleira. – Você vai dar um passeio, e é bom que goste.

Quando chegaram ao supermercado, ele praticamente saltou

na bolsa Louis Vuitton, porque apesar de em tese os ingleses formarem uma nação de amantes de cachorro, certamente não gostavam deles dentro das lojas.

Enquanto Hadley procurava nas sopas uma que fosse com pouca gordura e que ainda não tivesse experimentado, viu duas funcionárias fingindo não encará-la. Não estavam fazendo um bom trabalho. Hadley pegou a sopa mais próxima (tomate e coentro *outra vez*) e saiu apressadamente antes que chamassem a segurança para que expulsasse o Sr. C-C e ela da loja.

Tinha acabado de chegar ao fim do corredor quando a cercaram. Hadley sacudiu o Sr. C-C a fim de alertá-lo e arregalou os olhos.

– Algum problema? – perguntou, levantando os óculos.

A mulher mais próxima passava os olhos invejando o casaco de Hadley, mas sua atenção voltou-se para o rosto.

– Ah, você é Hadley Harlow, não é? – perguntou incerta, e quando Hadley assentiu, respirou fundo. – Costumávamos vê-la aqui o tempo todo.

Com seu cachorro pequeno e que late muito, e se importaria em ir embora e nunca mais voltar, sua vadia bêbada e homofóbica. Hadley esperou pelo inevitável, que não veio. Em vez disso, a outra mulher ousou tocá-la no braço.

– Vi você na TV com aquela banda de rock terrível – disse. – Achei que se saiu muito bem. Eu teria feito xixi nas calças, não me importo em dizer.

Hadley se importava em ouvir, mas sorriu.

– Obrigada, bom saber!

– Sabíamos que todas aquelas coisas nos jornais não poderiam ser verdade, porque você era tão doce e engraçada. Foi tudo ensaiado?

Parecia que o desastre com os Raised By Wolves e aqueles cabelos que não se deve sequer mencionar e que foram sacudidos em seu rosto tinham acontecido havia anos e com outra pessoa.

– Bem, parte foi, mas se eu soubesse que algum roqueiro fedido ia colocar a *coisa* para fora, jamais teria feito o programa – Hadley disse a elas, que ouviam atentas. – Foi totalmente traumatizante! Vou fazer análise durante anos.

Ambas as mulheres balançaram a cabeça e estalaram a língua.

– Foi nojento, coitada! Se importaria de dar um rápido autógrafo?

Fazia tanto tempo desde que alguém havia pedido seu autógrafo, que Hadley teve dificuldade de fazer as letras tão redondas quanto costumavam ser. *"Para Pat e Jean, obrigada pelo apoio e pelas excelentes sopas que vendem. Com amor, Hadley Harlow"*, escreveu.

Quando saiu, carregada com potes de sopa porque Pat e Jean haviam explicado que ela podia comprar duas e ganhar uma, o sorriso em seu rosto não era mais falso. Os três minutos que levava para voltar para casa se esticaram em quinze, pois foi parada mais cinco vezes por pessoas que falavam sobre seus péssimos pais e a respeito do péssimo tratamento recebido pelos Raised By Wolves. Até recebeu alguns assobios de motoristas de van, inclusive um grito, "você é linda!". O público a amava. Realmente a amava. Hadley não sabia exatamente por que, mas o público era assim. Era melhor aproveitar enquanto durava.

Hadley aproveitou até chegar aos escritórios da Fierce. O sol aparecera e ela pegou o ônibus, apesar de o motorista ter ficado irritado por ela tentar pagar com uma nota de dez libras. Uma menina muito gentil pagou sua passagem e foram conversando até a Tottenham Court Road sobre a TopShop. Até onde Hadley tinha conhecimento, isso a tornava uma londrina honorária.

– Oi, Derek – entoou, entrando no escritório sem bater. – Tive um ótimo passeio na cidade. Andei de ônibus sozinha.

– Hum, isso é ótimo, Hadley. – Derek não parecia tão entusiasmado com a notícia quanto deveria ter ficado, então se ouviu uma tossida educada do outro lado da sala.

– Oi, Hadley – Reed disse calmamente, como se não tivessem passado dias e dias desde que a vira pela última vez e ele não fosse um porco que se divertisse seduzindo garotinhas e depois as abandonando.

– O que ele está fazendo aqui? – Hadley voltou-se para Derek porque ele não estava vestindo preto e não tinha uma barbicha que espetava quando a beijava. Não que Derek já a tivesse *beijado* (beijos no ar não contam), mas era muito mais fácil olhar para ele e sua expressão envergonhada.

– Nós três precisamos sentar e ter uma conversa – disse Derek, puxando uma cadeira para Hadley. Era difícil sentar perto de Reed e não olhar para ele. Em vez disso, Hadley olhou para o punho de sua camisa, sobre o pulso ossudo, e tentou não esticar a mão e tocá-lo.

– Quero oferecer a você o papel de Lisa no filme – disse Reed com a voz suave, como se estivessem conversando intimamente, só os dois. – Você impressionou a todos no teste; já falei com os investidores, mostrei a filmagem que fizemos, e eles acham que você e o Will atrairiam muita bilheteria.

Hadley não esperava por isso. Esperava um "talvez" e muitas negociações longas e arrastadas que talvez pudessem acabar em um "sim" incerto.

– Ah...

– Mas até termos um contrato com o qual esteja feliz, nada será assinado – interrompeu Derek, cortando na frente dela. – Para começar, nada de nudez. Nem nudez parcial. Nada de mamilos, nada de pelos pubianos, nem cofrinho. Oito semanas de filmagens...

– Mas precisa permitir refilmagens – Reed levantou a mão em protesto. – Duas semanas para refilmagens são o padrão da indústria. De qualquer forma, você precisa levar isso aos meus produtores.

– Ei, pessoal, não sei como me sinto em relação a isso – Hadley disse, mas ela parecia ser feita de ar pela atenção que Derek e Reed prestaram.

– Todos sabem que esse projeto é o seu bebê – Derek olhou com desdém para Reed de um jeito que só podia ser falso. Era muito inapropriado. – Você que manda.

Hadley virava a cabeça de um lado para o outro enquanto Derek e Reed discutiam sobre porcentagens de bilheteria, datas de sessão de fotos e vários outros detalhes que não precisavam ser acertados agora. Tipo, estavam bancando os poderosos de Hollywood.

– Vamos filmar uma semana na Carolina do Norte, então você terá de liberar a agenda dela – Reed disse a Derek, que respondeu:

– Não me importa o quão baixo seja o seu orçamento, ela não vai de classe econômica.

Dela. Ela. Talvez Hadley realmente tivesse se tornado invisível desde que entrara na sala, porque nenhum dos dois sequer havia dito seu nome. Ou ouvido o que tinha a dizer. Uau, exatamente como nos velhos tempos.

– Tempo, meninos! – Hadley precisou gritar de tal maneira que teve certeza de haver danificado as cordas focais. – É bonitinho e tudo mais a maneira como estão encenando fragmentos de *Entourage*, mas não quero fazer.

Derek a afagou na mão em tom conciliatório.

– Não quer fazer o quê, querida?

Agora era mais fácil olhar para Reed, apenas para se certificar de que tinha entendido o recado.

– Não quero fazer o filme.

Reed e Derek fizeram a transição de difíceis para bom policial e mau policial. Derek acalmou-a e segurou a mão dela, enquanto a voz de Reed se tornava curta e ríspida até ele cuspir as palavras como se fossem balas, enquanto seus olhos ficavam tão frios que Hadley se surpreendeu por não terem congelado.

– Não é por causa de dinheiro ou nudez parcial – repetiu Hadley pela décima sétima vez, havia contado mentalmente. – Só não quero fazer.

– Mas, Hadley, conversamos sobre como você não ia mais fazer aquela coisa em que dizia que não queria fazer as coisas.

– Não, falamos sobre como quando eu dissesse que não queria fazer as coisas, eu realmente não queria fazer – Hadley explicou porque era muito simples e não havia razão para Reed franzir o rosto como se o cérebro estivesse prestes a estourar pelos ouvidos.

– Qual é o problema? – disparou, passando os dedos pelo cabelo. – Qual é a porcaria do problema?

Parecia que precisava pedir um novo tempo. Derek obviamente concordava, enquanto afagava Reed no ombro.

– Pode me dar cinco minutos com Hadley?

Reed se levantou para simultaneamente se agigantar e fixar seu olhar de Ira De Deus em Hadley enquanto ela se encolhia na cadeira.

– Vinte e quatro horas – anunciou curtamente. – Amanhã, Garden Café, no Regent's Park às três. E não traga seu agente.

# Capítulo trinta e dois

Após o dilúvio do dia anterior, havia uma frescura no ar, sinal claro de que o inverno estava pronto para chegar.

Enquanto Hadley andava pelo Regent's Park em direção ao zoológico, chutou montes de folhas avermelhadas e douradas, mesmo enquanto apertava o casaco. Jamais se acostumaria com o fato de haver quatro estações distintas por ali. Em Los Angeles, ficava um pouco nublado e chuvoso no final do ano, mas havia muito sol. Em Londres era frio o bastante para que seu nariz se transformasse em um tom vibrante de vermelho. Não só estava frio demais para sequer ser possível pensar a respeito; era completamente não americano.

Reed estava esperando por ela no Garden Café. Hadley suspirou aliviada ao abrir a porta e ser atingida por uma lufada morna de ar com aroma de café e cheiro de biscoitos caseiros.

– Oi – ela disse, puxando a cadeira à frente dele e tirando as luvas. – Desculpe o atraso. Acabei me atrasando por causa...

– O que está acontecendo? – Reed perguntou sem preâmbulo, com o rosto tão sombrio e turvo quanto o céu lá fora. – Quer mais dinheiro? Quer que eu puxe o seu saco um pouco mais? Por que recusou o papel?

Hadley não esperava que Reed fosse começar a ficar irritadinho com ela antes mesmo que tivesse tirado os óculos.

– Adoraria uma xícara de chá, obrigada – disse calmamente, porque era importante deixar claro que não tinha medo de Reed no modo diretor irritado. – Lapsang Souchong, sem leite, e uma rodela de limão, por favor.

Os lábios de Reed se contraíram, mas ele acenou para um garçom e fez o pedido. Sua voz cuspia as instruções específicas de Hadley em tom de ironia.

– E eu quero um café e um bolo fino quente.

– O que é *bolo fino*? – perguntou Hadley, com a curiosidade aguçada, considerando que o que quer que fosse soava muito grosseiro, mas Reed simplesmente devolveu o cardápio e cruzou os braços. Sério, ele não deveria se vestir de preto da cabeça aos pés, porque o deixava com um aspecto desagradável e assustador.

– O problema – disse. – Vá direto ao assunto.

Hadley se forçou a encontrar os olhos de Reed e desejou que eles não brilhassem daquele jeito.

– Bem, são dois problemas, na realidade.

– Hadley... – e ele realmente, realmente não deveria rosnar.

– O primeiro problema é George – disse com simplicidade, porque era tudo que havia a ser dito.

– O que tem o George? – Ou não.

– Will Vaughn já foi escalado, mas George nem fez o teste ainda e acabamos de restabelecer nossa amizade. – Ela estava tagarelando, as palavras saindo em uma onda apressada e sem o menor sentido. – Está voltando a confiar em mim.

– George é bem crescidinho – disse Reed. – Ele vai superar. Preciso de um nome ligado ao filme. Ele não é um nome.

Reed realmente deveria ser um pouco mais cuidadoso com atores e seus egos frágeis.

– Mas ele nem fez o teste e vai achar que o sabotei deliberadamente de novo.

– Deixe-me entender. – Reed sorriu de um jeito que não tinha nem metade da beleza dos outros sorrisos de seu repertório. – Você está recusando o que poderia ser a oportunidade da sua carreira com medo de que George tenha um faniquito?

– Bem, estou. – Hadley franziu o rosto. – E não é como se Candy fosse ficar saltitante se eu aceitar o papel também. Vai ficar com raiva de você. Provavelmente com mais raiva do que George ficará de mim.

Um músculo na bochecha de Reed estremeceu duas vezes quando disse o nome de Candy. Hadley queria afundar as unhas nele e machucá-lo! De onde veio *esse* pensamento?

– Esse filme é a coisa mais importante da minha vida há três anos – Reed disse expressivamente. – E agora que tenho uma chance de fazer *exatamente* como quero, minha irmãzinha mimada e o seu melhor amigo gay não vão me impedir. Você é a atriz perfeita para interpretar Lisa, entende?

– Ah, eu a amo. Tipo, quando leio o script, ela faz meu coração se partir, porque é tão forte, mas, no fundo, no fundo é frágil – garantiu Hadley. – Mas George mais Candy não acham nada bom.

O garçom veio com uma bandeja cheia e Hadley ficou grata em envolver com as mãos a xícara de chá, porque o rosto de Reed ainda estava com aquele tique e ela queria acariciá-lo. Olhou interessada para os bolos finos de Reed, principalmente quando ele começou a passar geleia de morango em um deles. Não ia manter o corpinho se continuasse com hábitos alimentícios tão ruins.

– Você está começando a babar – comentou Reed, cortando um bolo pela metade e entregando para ela em um guardanapo.

– Mas não posso! Gordura e açúcar e farinha de trigo...

– Coma de uma vez!

Hadley mordiscou as beiradas do bolo e teve de conter um resmungo ganancioso prestes a ser emitido. O bolo em si era meio sem graça, mas a manteiga derretida e a doçura da geleia mais do que compensavam.

– Sabe, um dia você vai acordar extremamente gordo. E fará o quê?

Reed sorriu com a boca cheia de farelo.

– Haverá mais de mim para ser amado.

Estava com um pouquinho de geleia no lábio inferior e, mesmo quando Hadley limpou com o guardanapo, cuidadosamente, o mesmo ponto no próprio lábio, ele não entendeu.

– Você está com... ah, aqui. – Ela se esticou e limpou a sujeira com o polegar, fechando os olhos, quando Reed mordiscou-lhe a mão, seu estômago pareceu dar cambalhotas. – Estava te fazendo parecer uma criança de seis anos – disse. O rosto de Hadley estava queimando e ele sorria, consciente.

– Então, Candy e George foram o seu primeiro problema? – perguntou, mudando o assunto, porque o assunto precisava ser mudado com urgência. – E o segundo problema eu já sei. Só não tenho certeza em relação a uma coisa: é porque te beijei ou porque não beijei de novo?

– Você nem ligou! – Hadley exclamou indignada, empurrando o bolo. – Tipo, mesmo que quisesse manter uma distância profissional, poderia ter ligado. – Diminuiu a voz. – Foi tão ruim assim? Pode me falar, preciso saber para poder melhorar meu desempenho.

– O que foi tão ruim assim? – perguntou Reed.

– Me beijar. – Hadley teve de se controlar para não bater com o guardanapo na cabeça de Reed por ele ser tão obtuso.

O sorriso de Reed foi predador e doce ao mesmo tempo.

– Algumas partes foram, mas eu gostei muito dessas partes.

– Hã?

– Ah! – Tudo bem, ela também podia ser obtusa. – Então por que não ligou?

– Estava em Los Angeles e depois na Carolina do Norte. Sabia que seria estranho pelo telefone e queria tomar uma decisão com base no seu teste, e não na saudade – Reed disse com um sorriso cem por cento doce ao acariciar-lhe a bochecha.

– Você sentiu saudade de mim? Tipo, de verdade? – Hadley se permitiu dez segundos para aproveitar a carícia na bochecha e o olhar carinhoso de Reed antes de se encolher. – Na realidade, o beijo não foi meu segundo problema. Não teve nada a ver com a minha decisão.

Reed fechou os olhos, depois os abriu novamente de modo que tudo o que Hadley conseguiu ver foi o azul daquele olhar.

– Qual foi o segundo problema? – perguntou educadamente como se não estivesse apenas tentando melhorar o humor dela.

– Bem, ontem uma garota no ônibus me perguntou onde comprei o casaco que estava vestindo na revista *Heat*. E depois conversamos sobre Ross Thomas e sobre como ele é todo flerte, mas na realidade está com Alicia...

Reed a ouvia pacientemente, apesar de ela estar longe de chegar ao ponto.

– E, tipo, há seis meses, quando alguém me parava, era porque achava que eu estava morta, na reabilitação, ou me recuperando de uma overdose. Nada disso era verdade – acrescentou apressadamente.

– Bem, o fato de que está respirando acabou com os rumores de morte – Reed disse secamente. – Então, sua base de fãs...

– Diminuiu, e agora essencialmente me conhecem do *A vida começa às nove e meia* e estou gostando de ser só um pouco famosa em vez de muito famosa. Estou ganhando o suficiente para poder comprar um lugar para morar e, tudo bem, não será uma mansão em Malibu, mas agora sou sozinha e não preciso de tanto espaço extra... – Hadley suspirou frustrada. Não deveria tentar explicar as coisas. Funcionava melhor quando Tegan escrevia suas declarações para a imprensa.

– Está preocupada que, se fizer o filme e for um sucesso, o que será, vai começar tudo de novo? – disse Reed, e ninguém jamais a tinha olhado daquele jeito. Como se adorassem vê-la daquele jeito. – O que aconteceu com aquela garota que achava que a fama era a única coisa que importava?

– Ela cresceu – Hadley disse com pesar. – Há coisas muito mais importantes do que a fama, como amigos, ter uma vida adequada, TopShop e...

– Meu Deus, você é incrível, Hadley! – exclamou Reed. – Você realmente *diz* coisas ridículas, realmente o faz. É adorável. Você é adorável!

– Só está dizendo isso para...

– Vamos, vamos sair daqui. Quero mostrar o lago dos barcos – disse Reed levantando-se e esticando a mão.

Os barcos estavam recolhidos para o inverno, mas caminharam à beira da água, com as mãos cobertas por luvas entrelaçadas. Teria sido romântico se Hadley conseguisse parar de se encolher com as lufadas de vento gelado fustigando-lhe o rosto.

– Você vai fazer o meu filme – Reed disse repentinamente, parando. – É perfeita para o papel e sou muito mais teimoso do que você. Cuido de George. Cuido até de Candy, e ela tem um senhor gancho direito!

"George adoraria que Reed cuidasse dele", pensou Hadley, apertando-lhe os dedos. Estava fazendo muito isso.

– Se, e é um "se" gigantesco, eu decidir fazer o filme, terá de dizer a Derek que me obrigou – declarou. – E que eu tomei Coca normal de tão chateada. Só assim ele acreditaria.

– Então, meus superpoderes de persuasão funcionaram? – Reed perguntou em tom leve. – Será minha protagonista?

O olhar de Reed dizia muito, mais do que vários volumes de uma grande livraria.

– Não sei se consigo lidar com a fama sozinha, mesmo que eu queira.

As mãos de Reed cobertas por luvas de lã, a seguraram no rosto. Pinicavam bastante, mas não parecia o momento certo para dizer isso a ele.

– Mas não está sozinha. Tem pessoas na sua vida que se importam com você, Hadley. É hora de começar a perceber isso – disse com a boca chegando cada vez mais perto. E tudo o que Hadley conseguia pensar era que o outro beijo não tinha sido apenas um ataque de pena matutino. Então parou de pensar em qualquer coisa que não fossem as mãos de Reed em seus cabelos, o leve arranhar da barbicha em seu rosto e sua boca fazendo coisas com a dela que deveriam ser censuradas para menores de doze anos.

As coisas estavam definitivamente avançando quando começou a chover, o que foi o maior anticlímax.

Hadley levantou a cabeça, o que significava que teve de parar de beijar Reed.

– Molhado – apontou desorientada.

– Apenas ignore. – Reed tentou tomá-la novamente nos braços, mas Hadley se afastou.

– Meu cabelo ficará todo crespo! E pode ter algum fotógrafo escondido nos arbustos, e você vai se arrepender!

– Ah, que seja – desdenhou Reed. – Como se alguém fosse querer tirar uma foto *daquilo*.

E beijar Reed era a única maneira de fazê-lo parar de provocar. Então o fez.

Hadley flutuou de volta a Camden em uma nuvem brilhante e vaga de quase felicidade. Poderia até estar *completamente* feliz se não estivesse com os pés ensopados e não tivesse arruinado as botas Prada nas poças.

Ela e Reed andaram por Londres durante horas. Na chuva. Teria sido romântico se não estivessem encharcados. E em um restaurante chinês no Soho deu quase certeza de que faria o filme, ou Projeto Reed Barrett Sem Título, como era conhecido atualmente.

Irina estava acampada no sofá assistindo ao Canal da Moda e comendo um pacote tamanho família de Doritos, que mergulhava em um pote de pasta de amendoim.

– Yo – disse como forma de cumprimento. – Levei seu cachorro para passear, então fico com sua bolsa Chloe agora, tá?

– Tá – Hadley concordou, porque o fecho pesado da bolsa Chloe estava lhe dando síndrome do túnel carpal. – Sabe, não está fazendo nenhum favor ao seu colesterol.

Hadley sentou ao lado de Irina e abraçou os joelhos no peito.

Irina olhou para ela.

– Você parece estar usando drogas.

– *Estou* usando drogas. Tipo, se o amor for uma droga. – Precisava contar para alguém, mesmo que Irina não fosse do tipo a quem se podia fazer confidências. – Serei a segunda protagonista no novo filme de Reed e acho que estamos apaixonados.

Pronto! Falou. Admitiu que era apenas segunda protagonista, apesar de que, para ser justa, no momento Will Vaughn era mais *high profile* do que ela. No entanto, a coisa do amor se destacava sozinha.

A expressão de Hadley foi séria o suficiente para que Irina derrubasse o controle remoto.

– De verdade?

– Completamente de verdade – suspirou Hadley com os olhos

arregalados. – Mas não pode contar para ninguém. Principalmente se ninguém for a Candy.

Um sorriso preguiçoso e manhoso se formou no rosto de Irina.

– Bem, gostei do seu plano malévolo de atacar aquela vaca.

– Não é por Candy. Apesar de que ela vai ter o maior faniquito do mundo quando descobrir, o que é como um brinde com a compra. – O rosto de Hadley estava doendo de tanto sorrir. Contudo o dia não parava de melhorar.

– Por que diabos está tão convencida? – perguntou Candy, entrando desajeitada pela porta com a mala. – Conseguiu mais um comercial de papel higiênico?

Hadley pôde ver a mandíbula de Irina se contraindo, pronta para cuspir algumas poucas palavras que acabariam com o mundo de Candy. Um beliscão rápido e repentino em sua coxa encerrou o assunto.

– Você não entenderia – disse a Candy gentilmente. – Só estou, tipo, crescendo como pessoa, e o universo está me recompensando de um jeito muito especial.

O rosto de Candy era suficiente para azedar até leite de soja.

– Como se eu me importasse – disparou. – Vou deitar, porque não consigo lidar com vocês duas agora.

Hadley se ajeitou no sofá e dividiu um sorriso cúmplice com Irina. Além disso, conseguiu pegar o controle para que pudessem assistir a uma reprise de *A casa de Hadley* na TV a cabo em vez de montes de meninas com zero de gordura corporal marchando pela passarela. Bons tempos, cara! Bons tempos!

# Capítulo trinta e três

– Cinco minutos, srta. Harlow – alguém chamou da porta do seu trailer. *Seu trailer.* Hadley tinha um trailer. Ou era mais como uma pequena casa móvel, mas ainda assim um trailer com seu nome na porta. E continuava sendo o set de um filme, ainda que fosse segunda protagonista.

Hadley se concentrou em alisar a roupa térmica e em vestir a calça jeans antes de examinar o bumbum no espelho comprido. Havia dez centímetros de neve lá fora e ela teria de passar boa parte do dia deitada em um saco de dormir na neve. O pessoal do seguro até insistiu para que ela tomasse vacina contra a gripe para que não atrasasse as filmagens por ficar rouca e coisas do tipo.

Era engraçado, porque nem estava com tanto frio. Não apenas pelo aquecedor portátil, que estava com força total, mas porque queimava com o agito que sempre sentia no primeiro dia de um novo filme. Fazia um tempo, mas Hadley reconhecia a sensação vertiginosa e nauseante no estômago.

Sentou-se em uma cadeira para que pudesse calçar o par de All Star cinza e admirar a colagem de cartões de parabéns. Um de Laura, dizendo para dar um beijo extra em Will Vaughn por ela. Outro de Irina, que Hadley não tinha conseguido decifrar, não pelo idioma russo, mas porque a letra parecia pertencer a algum doido. E até um cartão de Benji e George, que viera de Los Angeles, onde Benji estava lançando sua carreira-solo e George gravando um programa piloto para a TV. "Boa sorte, *vaca!*" dizia, então Hadley supôs que George ainda estivesse um pouco chateado. Havia dito a Reed que não achava o papel adequado, com tanta droga e prostituição, mas Hadley sentira cheiro de uvas azedas. Provavelmente havia bebido no mesmo copo de Candy, que reagiu como um furacão nível dez, associado à Bruxa Malvada do Oeste.

Não que tivesse descoberto tudo que havia para descobrir. E não que oficialmente houvesse alguma coisa que Candy precisasse descobrir. Hadley sempre achou que, quando se tinha um namorado, falava-se sobre isso. Talvez ele dissesse: "sou seu namorado e você é minha namorada". Apenas para esclarecer, mas Reed não o fez. Apenas dizia: "vamos nos encontrar mais tarde?" ou "vamos almoçar no Wagamama?", depois lhe dava a mão enquanto caminhavam pela Arlington Road, apesar de que isso poderia ter sido para ajudar a desviá-la dos ambulantes que ficavam na frente do centro comunitário. De qualquer forma, era um comportamento bem de namorado.

Era algo que teria de perguntar a Alicia. Laura ainda estava com o problema de não querer saber de meninos; Irina quase não falava nem sobre Javier, e Candy? Ha, ha, ha!

Era uma espécie de conversa que se teria com a mãe, se a mãe não fosse Amber. Assim que a notícia do seu papel no cinema chegou à *Variety* e ao *Hollywood Reporter*, as linhas telefônicas entre Londres e Los Angeles começaram a soar. Amber até mandou uma cesta de presente do spa de Los Angeles preferido de Hadley.

Então ela estava falando com Amber novamente, mais ou menos, mas só pelo viva-voz e na presença de Derek. Hadley ainda não sabia como se sentia a respeito disso, mas pelo menos tinha fotos dos gêmeos para pendurar nas paredes. O pequeno Kai tinha um olhar rebelde, que não faria bem no futuro. Todavia era do pobre do Rocky que sentia pena. O coitadinho definitivamente participaria de algum comercial de xampu antes do terceiro aniversário. Mesmo assim, ser irmã era legal, desde que não ficasse louca com certas pessoas que poderia mencionar, cujo nome por acaso era Candy Careless.

Hadley tomou um último gole do chá que esfriava, com cuidado para não deslocar a mancha de frio que a equipe de maquiagem havia aplicado, e se levantou. Mal podia esperar para chegar ao set. Bem, assim que seus joelhos parassem de bater e ela perdesse a sensação de que ia vomitar-a-qualquer-momento-agora. Agarrou-se à lateral da mesa enquanto uma onda de pânico ameaçava derrubá-la.

– Princesa, achei que pudesse levá-la ao set – disse Reed, adentrando o trailer e encarando-a, ansioso. – Você está bem?

– Vou explodir de nervoso e já disse um milhão de vezes para não me chamar assim! – irritou-se Hadley, enquanto tentava falar e fazer os exercícios de respiração ao mesmo tempo.

– Você vai ficar bem – Reed disse suavemente. – Você é uma profissional. Assim que chegar ao set vai esquecer tudo, exceto sua motivação e suas falas – acrescentou.

– E se isso não acontecer? – ganiu Hadley. – E se ninguém me levar a sério como atriz?

Reed praticamente esfregou as mãos em júbilo. Ninguém, nem mesmo ele, ficava bem com toda aquela presunção irradiando de cada poro.

– Aí eu demito – anunciou orgulhoso. – Posso fazer isso. Tenho até um megafone para dar ordens.

Levou um instante para que Hadley penetrasse a bruma nebulosa onde costumava ficar seu cérebro, mas ela se lembrou de que aquele dia não era só dela. Estava mais do que evoluída agora. Não, era o grande dia de Reed como um diretor de primeira viagem, em seu primeiro filme, que ele mesmo havia escrito, coproduzido e pelo qual tinha batalhado. Por que havia decidido trabalhar tão duro quando era tão bonito, ainda não tinha entendido.

– Parabéns pelo megafone – arfou Hadley, praticamente se dobrando ao meio enquanto lutava para respirar. – E por toda a coisa de dirigir. Mas, para sua informação, não demita ninguém no primeiro dia, porque assim todos vão odiá-lo. Acha que estou tendo um enfarte?

Reed se agachou para que pudesse olhar para o rosto de Hadley, que com certeza estava vermelho e inchado a essa altura. Não pareceu enojado.

– Normalmente, acho que as pessoas que estão tendo enfarte estão ocupadas demais com ele para perguntar isso. – Esticou-se e afagou as costas dela de uma maneira meramente formal. – Vamos, não pode se atrasar no primeiro dia.

De repente, Hadley ficou completamente tonta ao tentar sair do trailer. Reed estava com a mão esticada e batendo o pé impacientemente, mas ela passou por ele.

– Não quero que as pessoas pensem que consegui o papel porque estou dormindo com você – explicou. – Então nada de mãos dadas.

– Mas você não está dormindo comigo – observou Reed, e não havia nada em seu tom de voz ou expressão facial que deixasse Hadley perceber como ele se sentia em relação a isso. – Espero que não fique tão mal-humorada o tempo todo. É uma filmagem de dois meses.

– Estou mal-humorada, é? – Hadley parou a dois passos da porta para que pudesse puxar a manga de Reed. Ele ia torrar com uma roupa tão quente. – Tem muita coisa em jogo, e descobri que não gosto de pressão, como costumava gostar.

– Você vai ficar bem – disse Reed, segurando-lhe rosto como se pudesse ver a verdadeira Hadley através das manchas de frio, da maquiagem pesada e dos falsos cortes e hematomas. – Boa sorte, princesa.

Hadley decidiu ser superior e não gritar com ele novamente.

– Boa sorte para você também, Senhor Poderoso Diretor de Cinema. – Compartilharam um daqueles sorrisos que Hadley não imaginava que dava para fazer até Reed ensiná-la. Tinha pintado um clima de novo, e ela adorava quando isso acontecia. Então uma coisa lhe ocorreu:

– Promete que vou poder vestir alguma coisa bonita pelo menos alguma vez no filme? Talvez um Marc Jacobs, e que vamos pegar leve na maquiagem de prostituta adolescente?

Reed abriu a porta do trailer e a conduziu para fora.

– Vai ter de pedir para o seu pessoal ligar para o meu pessoal, srta. Harlow – disse em um falso sotaque de Los Angeles, que não se parecia nem um pouco com o verdadeiro.

Hadley tinha uma resposta perfeita para dar, mas então ouviu os murmúrios de expectativa ao descer cuidadosamente os degraus do trailer. Ficou parada por um segundo, assistindo ao rebuliço enquanto o set de filmagem ganhava vida, figurantes em volta, a câmera sendo posicionada, um monte de pessoas se reunindo ao redor do monitor da câmera e até os mensageiros entregando copos de café e edições de script de última hora.

Era uma sensação muito parecida com a de estar voltando para casa. Seu lugar era ali, e qualquer um que achasse que não fosse, que tratasse de se convencer. Hadley pegou a mão de Reed, que lhe apertou os dedos, e foi para o set. Estava pronta para o close.

# Glossário de Cinema e TV

## Então, que diabos significa todo esse jargão da indústria, hein?

### Agente

Pessoa que cuida dos negócios e do talento (veja a página 284), desde a escolha de projetos e papéis até a negociação de valores.

### Assessor

Apesar de agentes poderem lidar com a imprensa, a maioria das celebridades também tem assessores pessoais, que organizam entrevistas, sessões de fotos e aparições na TV para os clientes. Assim, a celebridade pode contar a sua versão da história para os jornais sem parecer desesperada para dar uma entrevista.

### Desenvolvimento

Quando um projeto de filme ou de televisão está em desenvolvimento, significa que existe muito trabalho acontecendo nos bastidores a fim de que ele se concretize – desde a elaboração de um script perfeito até a reunião de verba. Cerca de noventa e nove por cento dos projetos de desenvolvimento nunca veem a luz do dia.

### Diretor

A pessoa encarregada de fazer o filme e traduzir as páginas do script para o que vemos na tela do cinema. Todas as decisões criativas, como escalação de elenco, figurino e até a trilha sonora recaem sobre seus ombros.

### *Equity Card*

*Equity* é o sindicato dos atores britânicos que regula a indústria e determina quanto os trabalhadores do cinema e da televisão recebem (Apesar de que, se você for uma grande ou até uma pequena estrela, recebe muito mais do que a taxa padrão.). É muito difícil trabalhar em cinema ou televisão sem um *Equity Card.*

### Filme independente

Um filme como *Pequena Miss Sunshine*, que é feito sem grandes orçamentos e sem muita interferência de algum grande estúdio.

### Mjudança de rumo

É aquele momento em que você percebe que um programa de TV que costumava ser bom ficou ruim. O termo em inglês, *jumping the shark*, vem de um episódio de um programa dos anos 1960, *Happy Days*, quando, em uma tentativa desesperada de fazer alguma coisa interessante acontecer, o personagem Fonzie saltou sobre um tubarão com um par de esquis aquáticos.

### Programa-Piloto de TV

Um episódio-teste feito para emissoras e empresas de produção, que, com sorte, aprovarão e, assim, levantarão a verba para transformá-lo em uma série. A temporada de programas-pilotos é a época mais ocupada do calendário dos atores de TV, pois tentam a sorte em diversos programas, na esperança de conseguir que algum seja escolhido.

### Produtor

Ele representa o poder nos bastidores de um filme. O produtor é responsável por levantar o dinheiro, contratar a equipe e providenciar a distribuição do filme de modo que este chegue às telas de cinema.

### Sala Verde

A Sala Verde de um programa de TV ao vivo ou de um teatro é um espaço em que as estrelas e os participantes podem relaxar, tomar um drinque, antes, durante e até depois do show. Estranhamente, a sala não precisa necessariamente ser verde.

### Serviços

Serviços em um set de filmagem ou de televisão mantêm tudo funcionando para a equipe, mas normalmente serviços significa a comida oferecida, geralmente um bufê permanente (assim como refeições quentes), com todos os tipos de lanches, doces e gostosuras cheias de carboidratos que a maioria dos atores evita.

### Sinal Verde

Significa que o projeto *estava* em desenvolvimento e foi autorizado pelo estúdio, ou recebeu sinal verde, como dizem no meio.

### *Sindication*

Quando uma emissora de TV vende um programa para uma estação de TV e estipula quantas vezes será reprisado. Todos os programas americanos transmitidos no Reino Unido (como *Lost* e *Ugly Betty*) passaram por sindicação. Os atores recebem taxas de *sindication* cada vez que um de seus programas é vendido a um país estrangeiro ou é reprisado.

### Talento

Outra maneira de descobrir uma atriz/modelo/o que seja. Do tipo: “estou cuidando do talento para este filme”.

### Teste de tela

Um teste feito diante de uma câmera para que o diretor veja como o ator é na tela. Ele certamente manda a gravação para outras pessoas, como os produtores ou o estúdio, antes que a escalação final seja feita. Atores e atrizes consagrados geralmente se recusam a fazer teste ou teste de tela, porque tal procedimento não condiz com a fama que os cerca.

# Agradecimentos

Agradeço a Chris Hemblade, Lorraine Candy e a todos da *ELLE* britânica por participarem da minha ida a Los Angeles para beber em companhia de celebridades "que não têm um pingo de maldade". Este livro não teria acontecido sem vocês.

Obrigada também a minha maravilhosa agente, Kate Jones, e a Laura Sampson e Karolina Sutton de ICM Books. Cumprimentos também a minha editora Emily Thomas e a Hachette Children's Books.

Há tantas celebridades que foram fontes de contínuo deleite e maravilha enquanto lia sobre suas brincadeiras no blog *ohnotheydidn't* de LJ! Mencioná-las pelos nomes acabaria resultando em muitos processos. Mas, ei meninas, obrigada pela inspiração.

http://sarramanning.blogspot.com

# Próximo livro...

# Prólogo

Irina checou o bolso do casaco outra vez e lançou um olhar ansioso para Sergei, que conversava com duas vendedoras. Procurou o vestido de seda requisitado pelo cliente de Sergei. Em seguida, pegou o colarinho do primeiro vestido, verificou o tamanho e alcançou o alicate no bolso.

– Você é linda! – escutou Sergei dizer atrás dela. – Já pensou em ser modelo?

Irina sabia que ele só estava flertando para distrair as vendedoras. Seus dedos tremiam ao manejar o alicate cuidadosamente entre a etiqueta de segurança e o material delicado. Voltou-se para um lado para que pudesse se certificar de que havia um casal entre ela e o guarda na porta.

Ela puxou o vestido, que irremediavelmente rasgou sob seus dedos impacientes. Pegou o seguinte na arara, ciente de que o guarda estava andando em direção a Sergei.

– Saia da loja agora! – ordenou laconicamente um guarda a Sergei. – Saia, ou acionaremos o alarme.

Irina atrapalhou–se com o alicate. Sentiu gotículas de suor se formando em sua testa, enquanto alguém a segurava pelo ombro.

– A qualquer instante aquele segurança vai vê-la – uma voz aconselhou. – Se eu fosse você, deixaria o vestido e viria conosco.

Conosco? O casal bem vestido a cercou. Os olhos de Irina rapidamente se fixaram nos sapatos brilhantes do homem. A mulher, mais jovem e elegante, olhava incrédula para ela.

– Me deixem em paz! – disse alto o suficiente para que o segurança virasse lentamente. – Não vou a lugar algum com vocês!

Irina já conseguia ver Sergei dirigindo-se para a porta e desaparecendo. E ela estava sozinha com um guarda em sua direção.

– Eu... Eu... – as palavras presas na garganta, mas a mulher calmamente a protegeu da vista do segurança, tirando o alicate da mão de Irina e o colocando em uma bolsa Gucci espaçosa.

O homem puxou Irina para o balcão de compras e apresentou o vestido rasgado.

– Sinto muito, mas minha sobrinha teve um pequeno acidente. Pagaremos, é claro.

– Apenas sorria e lembre-se de agradecer ao seu "tio" por salvá-la dessa situação! – disparou a mulher.

– Vamos dar o fora daqui! – depois disse entredentes, ao escoltarem Irina pela porta.

– O que vocês querem de mim? – perguntou Irina bruscamente, tentando se desvencilhar deles assim que saíram da loja.

– Já viu maçãs do rosto como as dela? – disse a mulher, em inglês.

– E é magra também – acrescentou o homem.

– Estou indo! – disse decidida. – Tire as mãos de mim, ou grito!

Mas não soltavam. Em vez disso, o homem assentiu e a mulher virou para ela com um sorriso.

– Diga–me uma coisa. Já pensou em ser modelo?

Este livro foi impresso pela Prol Editora Gráfica
para a Editora Prumo Ltda.